SOLVERTISING

'광고계의 다윗' 이승재의 마케팅 전략 노트

솔버타이징
SOLVERTISING

SOL UTION

AD **VERTISING**

이승재 지음

다산
북스

이제 광고는
문제를 직접 해결해야 한다

광고란 무엇일까?

사전을 찾아보면 '광고'는 '널리 알린다'라는 뜻을 가지고 있다. 영어 단어인 'advertising'은 라틴어에서 유래한 말로, '~쪽으로 향하다'라는 의미를 담고 있다. 즉, 무언가를 많은 사람에게 일방적으로 전달하는 것을 뜻한다.

하지만 한 가지 질문을 던져본다. 요즘 시대에 광고의 역할이 단순히 무언가를 널리 알리는 것만으로 충분할까? 지금 우리는 너무나도 다양한 미디어 속에서 각양각색의 광고가 쏟아지는 시대에 살고 있다.

그 결과 사람들은 아무리 멋진 영상미와 스토리텔링을 갖춘 광고라도 더 이상 보고 싶어 하지 않는다. 설령 힘들게 보여준다 해도 더는 일방향의 광고에 쉽게 설득당하지 않는다.

그렇다면 광고의 새로운 역할은 무엇일까? 나는 이 질문에 대한 답으로 '솔버타이징solvertising'이라는 개념을 제안한다. 솔버타이징은 기존의 광고, 즉 'advertising'에서 'ad'를 과감히 지우고 그 자리에 'solution'을 더한 개념이다. 광고가 소비자에게 단순히 제품을 알리는 수단으로 그치지 않고, 그들의 일상 속 문제를 해결해 주는 도구가 되어야 한다는 생각에서 시작되었다.

예를 들어 피크닉을 즐기러 갔는데 깜빡하고 돗자리를 챙겨 오지 않았다고 상상해 보자. 그 곤란한 순간에 브랜드가 무료로 돗자리를 나눠준다면 어떨까? 게다가 그 돗자리에 인쇄된 QR 코드를 스캔해 근처 식당에서 편리하게 음식을 주문할 수 있다면? 돗자리가 없어 당황스러운 순간을 해결해 주고, 동시에 브랜드와 소비자가 자연스럽게 연결되는 순간이 만들어진다.

이것이 바로 솔버타이징이다. 광고가 소비자의 난처한 문제를 직접 해결해 주고, 그 과정에서 브랜드를 기억하게 만드는 것. 단순히 알림에 그치는 것이 아닌, 실질적인 해결책을 제공하는 광고로의 전환이다.

현대 사회는 크고 작은 문제들로 가득 차 있다. 그리고 우리는 이러한 문제를 해결할 솔루션을 필요로 한다. 광고가 솔루션의 역할을 할 수 있다면 어떨까? 단순히 제품을 홍보하는 것이 아닌, 소비자의 실제 고민과 불편함을 해결해 주고 이를 통해 지지와 응원을 이끌어낼 수 있는 광고, 그것이 바로 솔버타이징의 목표다. 이를 실현하려면 정해진 매체의 형식을 넘어 눈에 보이는 모든 것에 아이디어를 담아 광고할 수 있어야 한다.

이 책에서는 솔버타이징의 원리와 그 실천 방법을 구체적으로 소개할 것이다. 광고가 어떻게 진정한 문제 해결사가 될 수 있는지 보여주고 당신의 고객에게 더 나은 경험을 제공하는 방법을 알려주려고 한다. 이제 문제를 해결하는 광고의 세계로 함께 떠나보자.

차례

STORY
학벌도 인맥도 없이
전 세계 광고제를 석권하기까지

학벌도 인맥도 없이 전 세계
광고제를 석권하기까지

SOLUTION

✕

ADVERTISING

SOLVERTISING

학벌도, 경력도, 인맥도 없었다. 하지만 '광고밖에 모르는 바보'였다. 광고에 대한 열정은 내가 스물다섯에 무작정 광고 회사를 창업하고, 창업 2년 만에 대한민국 광고대상 대상을 수상하게 만들었다. 이번 장에서는 그 스토리를 살짝 보여주고자 한다.

아버지는 잘나가던 청년 사업가였다. 20대 후반 전자 회사를 창업한 이후로 세상에 성공을 맡겨둔 사람처럼 승승장구를 거듭한 아버지 덕분에 우리 집에는 온갖 신문물과 먹거리가 넘쳐났고 우리 가족이 사는 모습을 궁금해하는 이웃들로 문전성시를 이루었다고 했다.

그러나 행운은 오래가지 않았다. 내가 네 살쯤 되었을 때, 아버지의 사업은 잘못된 보증과 사고로 부도를 맞았다. 우리 가족은 한순간에 모든 것을 잃었다. 하루아침에 고급 아파트에서 빛도 들어오지 않는 달동네 반지하로 이사했고, 부모님은 당장 길거리로 나가 밤새도록 포장마차에서 일하셨다. 그렇게 끝나지 않을 것 같은 긴 가난의 세월이 시작되었다. 네 살 이전은 잘 기억나지 않는다. 나의 가장 어린 시절 기억이라고 해도 어둡고 눅눅한 집에 살았다는 희미한 장면만이 떠오를 뿐이다.

그런데 신기하게도 아버지에게는 조금의 패배감도 느껴지지 않았다. 오히려 아버지는 이 상황을 어떻게 해결해야 할지 꾸준히 전략을 세웠다. 그러고는 새로운 가능성의 실마리를 발견하면 스스로 창출한 희망을 안고 불굴의 도전을 이어나갔다.

배고픈 시절에는 낭만이 있다고 하지 않나. 나는 지금도 이 말이 참 좋다. 현실이 부족한 만큼 아버지는 그 공백을 오히려 낭만과 의미로 채우며 우리 가족의 삶을 근사하고 풍요롭게 만들었다. 돌아보면 유년기에 내가 아버지로부터 배운 것은 어떠한 환경에서도 끊임없이 새로운 가능성과 의미를 발견하는 태도와 의지였던 것 같다.

이런 현장형 조기 교육 덕분이었는지 나 또한 패배감을 모르는 이상한 자신감덩어리로 자랐다. 열악한 환경일수록 어떻게든 원하는 바를 이루기 위해 더 고민하고 방법을 찾는 일이 마치 게임을 하는 것처럼 즐겁고, 동기 부여가 되었다. 이런 생각을 가지고 자랐으니, 스무 살 무렵 우연히 발견한 광고의 세계에 속절없이 빠져든 것일지도 모른다.

방황하던 스무 살 청년,
'광고밖에 모르는 바보'가 되다

나는 사춘기도 없이 무난하고 평범하게 성장했지만, 스무 살쯤 뒤늦게 진로를 결정하지 못하고 방황한 케이스다. 좋아하는 게 너무 많았기 때문이다. 다양한 분야가 다 흥미로워 보이는데, 그중에서 인생을 걸어볼 만한 확실한 대상을 꼽지 못해 마음이 늘 불안하고 혼란스러웠다.

그러던 어느 날, 한 소형 자동차의 광고를 보게 되었다. 차 내부가 협소하다는 단점을 오히려 연인과 더 가까이 있을 수 있다는 장점으로 뒤집어 어필하는 광고였는데, 보고 난 뒤 한동안 가슴이 뛰어 잠을 잘 수가 없었다.

기발한 관점 하나로 사람들의 마음을 사로잡는 비즈니스라니. 그럴듯한 생각만 있다면 학벌도, 집안도, 배경도 중요할 것 같지 않았다. 그리고 깨달았다. 내가 아버지로부터 평생 보고 배운 것이 바로 광고 크리에이티브의 기본이 되는 '문제 해결형 사고'였다는 것을. 그거라면 누구보다도 잘할 자신이 있었다.

그래서 무모하게도 광고에 인생을 걸어보기로 했다. 그때는 이렇게 길고 험난한 여정이 될 줄은 꿈에도 몰랐지만, 이미 나는 뜨거운 열정에 사로잡혀 '광고밖에 모르는 바보'가 되었다.

그런데 광고를 잘하려면 무엇을 해야 할까? 아무런 지식도,

정보도 없었던 나는 무작정 동네 도서관으로 달려갔다. 그리고 흥미로워 보이는 광고 마케팅 책들을 찾아 읽기 시작했다.

백지 상태였던 나에게 국내외 유명 광고인의 이야기, 광고에 대한 색다른 시각은 그야말로 충격으로 다가왔다. '사람이 이렇게도 생각할 수 있구나.' 그렇게 몇 달 동안 광고 독학에 푹 빠져 도서관에서 살다시피 했다.

어느 정도 책을 본 뒤에는 실제로 광고계에 종사하는 사람들을 찾아다녔다. 생생한 광고 현장을 알고 싶어서였다. 당시 우리나라를 대표하는 광고인들의 블로그나 메일 주소를 열심히 찾아 연락했는데, 감사하게도 몇몇 분이 응해주었다. 그분들은 나를 기억하지 못하겠지만 덕분에 광고 현장에 대한 구체적인 이야기를 들으며 꿈에 한 걸음 더 다가갈 수 있었다.

광고를 배울 수 있는 평생교육시설KBAS에도 1년 정도 다니고, 유명한 광고 연구소도 방문했다. 그렇게 1년을 알차게 보내고 보니 광고가 훨씬 더 좋아졌다. 내가 계속 가야 할 길이라는 확신이 섰다. 그래서 바로 입대를 했다. 빨리 내 앞에 놓인 큰 과제를 해결하고 싶어졌기 때문이다.

진로를 정하고 군대에 간 건 정말 잘한 선택이었다. 일상의 패턴이 단순하고, 물리적으로 멈추는 시간이 많고, 디지털 환경으로부터 확실히 차단되는 군대의 특성이 깊은 생각을 할 수 있게 해주었다. 덕분에 이 시절 처음으로 나만의 생각 훈련법들을 만들 수 있었다.

그중 가장 많이 했던 건 '거꾸로 ↔ 앞으로' 생각 훈련법이다. 눈에 보이는 모든 것이 사실 누군가의 창작물이지 않나. '거꾸로 ↔ 앞으로'는 광고뿐 아니라 제품의 이름, 패키지 디자인, 길거리 간판까지 세상의 수많은 창작물을 보고 창작 의도와 과정을 역으로 생각해 보는 훈련이다. 그리고 그 의도에서 출발해 나라면 어떻게 다른 결과물을 만들 수 있을지 도출해 보는 것이다. 이 훈련을 하다 보면 다양한 창작자들의 사고 흐름을 내 것으로 만들 수 있다. 생각하는 힘을 기르는 데도 정말 큰 도움이 된다. 나는 이때 처음으로 나만의 생각을 전개해 나가는 즐거움을 알게 되었다.

군대에서 이런 훈련들을 만들고 해나가다 보니, 자아 효능감이 커졌다. 사회에 나가면 뭐든 할 수 있을 것처럼 자신감도 넘쳤다. 그렇게 온통 광고와 관련된 생각만 하다 보니 금세 2년이 흘러, 마침내 전역을 했다. 전역 후 곧바로 서울로 향한 나는 광고 회사를 차렸다. 보통은 새롭게 대학교에 가서 공부를 시작하거나 광고 회사에 취직하는데, 둘 다 내키지 않았다.

우선 대학교나 입대 전 1년간 다녔던 평생교육시설을 다시 가지 않은 이유는 광고나 마케팅을 학문으로 정의하는 것에 의문이 들었기 때문이다. 마케팅marketing 그리고 광고advertising는 모두 현재진행형-ing이다. 이러한 명칭의 산업에서 과거형으로 정의된 학문을 배우는 것이 조심스러웠다. 수십 년 전 이론을 원론화하여 학습하기보다는 현시대 흐름 속에서 산업적 감각과 아이디어를 내는 방법을 체득하고 싶었다.

광고 회사에 들어가지 않았던 이유도 비슷하다. 물론 당시의 내 스펙으로는 좋은 회사에 취업하는 건 꿈도 꾸지 못할 일이기도 했다. 하지만 "광고를 잘하려면 어떻게 해야 할까?"라는 질문을 스스로에게 던져보았을 때, "진정한 발전은 자율적 최선에서 나온다"라는 답을 내리고 나서 취업하지 않겠다는 결심이 굳어졌다. 최대한 주체적으로 내 광고를 만들어보는 것이 곧 '자율적 최선'을 극대화할 수 있는 방법이라 생각했다. 생존을 위해 절박하게 매달리다 보면 훗날 훨씬 단단하게 성장해 있으리라는 기대도 있었다.

그렇게 창업을 결심한 뒤, 인천에서 단출한 짐을 꾸려 버스에 올랐다. 서울로 향하는 내내 창가에 머리를 대고 작은 낭만에 빠져드는 한편 비장한 결의를 다지던 순간이 생생하다.

세 번의 창업, 세 번의 실패

첫 회사의 이름은 '전율'이었다. 강렬한 아이디어로 사람들을 전율케 하겠다는 포부였다. 그러나 이름과는 달리 창업 이후에는 정작 내가 아찔해질 만큼 아무 일도 일어나지 않았다. 광고를 만들려면 광고주를 섭외해야 하는데, 무작정 창업을 하다 보니 인맥도, 경력도 없어 도저히 매달려 볼 만한 구석이 없었다. 결국 자신 있는 아이디어로 선先제안을 하며 어떻게든 일을 따 와야만 했다.

우선 내가 살던 도시의 가장 큰 번화가로 매일 나가 백화점, 옷 가게, 화장품 가게, 식당 등 눈에 보이는 다양한 브랜드를 대상으로 어떤 아이디어가 필요할지 고민하며 무작정 기획과 제안을 했다.

그렇게 몇 달간 수없이 많은 곳에 아이디어를 제안했는데, 결과는 참담했다. 백전백패, 전부 거절당했다. 최선을 다했는데 단 한 번도 성사되지 않았다. 하도 거절을 당하니 오히려 오기가 생겼다.

'이럴 거면 아예 내가 브랜드를 만들어 광고를 실컷 한다.'

일반적인 사업가의 생각과는 정반대였다. 사업을 위해 광고가 필요한 것인데, 광고를 위해 사업을 하겠다니. 앞뒤가 안 맞는 이상한 도전이었지만, 막상 브랜드를 만들겠다는 마음을 먹고 나자 또 잘하고 싶어졌다. '어떤 브랜드를 만들어야 내 광고도 폭넓게 하고, 광고를 통해서 비즈니스를 실질적으로 성장시킬까?' 고민에 고민을 거듭하다 보니 아이디어가 하나 나왔다.

당시에는 옥션이나 G마켓 같은 플랫폼처럼 다양한 제품 판매자를 입점시키고 광고로 소비자를 유입시켜 중간에서 판매를 연결하는 '몰인몰mall-in-mall' 형태의 커머스가 대세였다. 그 시장을 세분화하여 들여다보니, 친환경 제품에 특화된 플랫폼은 없었다. 친환경 제품 전문 커머스 플랫폼 '에코마켓'의 시작이었다.

'에코마켓'을 브랜드로 다양한 주제의 공익광고를 만들 수 있었다. 세상에 이로운 제품이 판매될 때마다 판매 수익금의 일부를 환경에 기부하는 건강한 사업 모델이었다. 다만 론칭하기 위해 초기 자금이 필요했는데, 사회에 미치는 긍정적 영향이 큰 사업이라는 판단하에 사업계획서를 만든 뒤 정부의 청년 창업 지원 프로그램의 문을 두드렸다.

그 결과 서울경제진흥원SBA에서 운영하는 프로그램에 합격할 수 있었고, 1년 동안 송파구에 위치한 작은 칸막이 사무실 공간과 1000만 원의 활동 지원금을 받을 수 있었다.

그렇게 약 1년 동안은 쇼핑몰을 만들고, 친환경 제품들을 발굴하여 입점시키기 위해 뛰어다니고, 공익광고도 열심히 만들며 보냈다. 지금 생각해 보면 당시 만든 광고들의 퀄리티는 형편없는 수준이었지만, 내가 꿈꾸던 '자율적 최선'의 완벽한 상태였다. 매일 밤을 새우면서도 행복하게 광고를 만들던 시절이었다. 하지만 가장 중요한 것을 이루지 못했다. 사업의 실질적인 성과, 수익 창출에는 처참하게 실패했다.

그래서 빠르게 두 번째 아이템으로 방향을 전환했다. 내 브랜드를 만들어 광고도 해봤으니 이제는 매체, 즉 미디어를 만들어보기로 했다. 나처럼 광고를 하고 싶어 하는 사람들을 위해 플랫폼이 되어주고 그들의 광고를 노출하는 매체를 구상했다.

스마트폰이 한창 도입되던 시기였다. '캐시슬라이드'나 '애드라떼'처럼 스마트폰 배경화면에 광고를 띄우고 시청에 대한 보상으로 광고 수익금을 얻을 수 있는 '리워드 앱'이 유행이었다.

나도 이런 리워드 앱들을 받아서 사용해 봤는데, 수익이 너무 적어 한 달 내내 광고를 시청해도 햄버거 하나조차 사 먹을 수 없다는 게 단점이었다. 그러자 이런 생각이 들었다. '어차피 광고주가 플랫폼에 예치한 광고비의 총합은 정해져 있다. 이 금액을 많은 사람이 나눠 가지려니까 개별 시청당 보상금이 적어지는 것이다. 그렇다면 다수가 아니라 한 명이 다 가져가면 어떨까?'

이 생각을 구체화하다 보니, 광고를 시청한 모든 사람에게 10원, 20원씩 소액으로 분할하여 나눠 주는 게 아니라 총액을 한 명이 가져갈 수 있게 하자는 아이디어로 발전됐다. 이른바 '로또 응모'였다.

이번엔 민간 투자까지 받았다. 투자금으로 본격적인 앱 개발에 매진했고, 앱 이름은 광고주의 거액을 훔쳐 갈 수 있다는 의

직접 만든 '루팡'의 홍보물 이미지

미로 '루팡'으로 지었다. 몇 개월의 준비 끝에 '대국민 희망 앱'이라는 가치를 내건 리워드형 로또 앱, '루팡'을 론칭했다.

광고주를 상대로 영업도 열심히 뛰었다. 게임 회사부터 식당 프랜차이즈 기업까지 가리지 않고 쫓아다녔다. 그 결과 사전에 많은 광고주를 유치해 희망차게 출발했다. 하지만 론칭 후 초기 단계에서 투자자와 기업 운영 방안에 대한 이견 및 분쟁이 발생해 사업을 접어야 했다. 애정이 컸던 만큼 마음 아픈 세 번째 실패였다.

"신입 마케터의 반값에 마케팅해 드리겠습니다."

급한 대로 파리바게트, 올리브영, 치킨집, 스테이크하우스 등 가리지 않고 아르바이트를 하면서 '이제 나는 뭘 해야 할까?' 넥스트를 고민하던 시기, 우연히 한 선배와 식사를 했다. 그때 선배가 나를 위로하기 위해 이런 말을 했다.

"좋은 경험 했다 생각해라. 요즘처럼 디지털로 전환되는 시기에 에코마켓으로 웹 마케팅을, 루팡으로 앱 마케팅을 빠르게 경험한 건 큰 자산이 될 거야."

그 말을 들으니 지난날 고생하면서 쌓았던 실전 경험들이 촤르륵 떠올랐다. 밑바닥에서 시작한 만큼 내게는 이렇다 할 마케팅 예산이 없었다. 그래서 온라인 중심으로 서비스를 알리는 방식을 택했다. 그 과정에서 온라인 상위 노출을 만드는 노하우, 블로그나 SNS 등 매체 운영에 대한 높은 이해도가 쌓인 것이다. 번쩍, 새로운 방향성이 떠올랐다. '이거다. 이번엔 내 기술을 팔아야겠다.'

내 기술을 필요로 하는 곳은 어디일까 고민해 보니, 브랜딩 중심의 크리에이티브한 광고를 제작할 여력이 없는 중소기업이라는 생각이 들었다. 당장 적은 예산으로 효과적인 온라인 마케팅을 해야 하는 고민을 안고 있는 회사들 말이다.

선배와 헤어진 후 집에 돌아와 바로 사람인, 잡코리아 같은 구직 사이트에 들어가 디지털 마케터를 채용하는 공고를 검색했다. 수없이 뜨는 공고에서 기회가 보였다. 채용 공고를 낸 기업들에 연락을 돌리기 시작했다.

"저는 전문 업체로서 신입 마케터를 채용해서 낼 수 있는 성과보다 훨씬 높은 성과를, 반값에 내드리겠습니다."

이 전략은 제대로 통했다. 회사들이 매력적인 제안으로 받아들여 답을 주기 시작한 것이다. 이를 통해 인연을 맺은 회사들과 일하며 성과를 내기 시작했다. 자연스럽게 소개와 추천으로 이어졌고, 금세 5~6개 회사의 마케팅을 담당하게 되었다. 그리고 처음으로 안정적인 수익을 창출해 냈다.

특히 온라인 마케팅 특성상 상위 노출에 대한 프로세스 세팅만 잘해두면 이후로는 손이 많이 가지 않았다. 나는 시간적으로도, 경제적으로도 인생에서 가장 풍요로운 시기를 맞이하게 되었다.

CPR-Stick
WORLD FIRST AID DAY CAMPAIGN

CPR
BE A HERO
SAVE LIVES

First aid is for
everyone,
everywhere

영웅이 되어라, 생명을 구하라
BE A HERO SAVE LIVES

첫 광고 기획,
대한적십자사 CPR 스틱

그렇게 몇 달 여유로운 시기를 보내다 보니 슬슬 미래에 대한 고민이 생기기 시작했다. 당장 직원을 채용해 일을 더 늘리면 양적 성장은 이룰 수 있었다. 하지만 내가 원래 하고 싶었던 건 역시 크리에이티브 중심의 광고였다. '나는 무엇을 할 때 더 행복한가' 생각해 보니 다시 고생길로 뛰어들더라도 질적 성장을 하고 싶다는 결론이 나왔다. 온라인 마케팅 사업을 더 키우면 다시 돌아올 수 없는 강을 건너게 될 것 같았다.

초심을 되찾은 나는 서울에 올라와 무작정 브랜드들에게 아이디어를 선제안했듯 다시 일을 만들어보기로 했다. 다만 예전처럼 하나 걸리기를 바라며 막무가내로 제안하고 싶지는 않았다. 지난 실패에서 아무리 좋은 아이디어라도 상대방에게는 필요하지 않은, 나의 일방적인 제안일 수 있다는 교훈을 얻었기 때문이다.

몇 달을 고민했다. 상대방의 필요에 맞는 제안을 하려면 어떻게 해야 하지? 그렇게 고민에 고민을 거듭하다가 시장을 찾아냈다. 바로 '기념일' 시장이었다. 내가 주목한 기념일은 '세계 응급처치의 날'이었는데, 대한적십자사에서 매년 이 기념일에 맞춰 캠페인을 주최한다는 사실을 알게 되었다. 내 눈에 또다시

기회가 보였다.

아이디어를 구상해 대한적십자사에 미팅을 요청했더니 한 번 들어보겠다며 찾아오라는 답변이 왔다. 당시 담당 부서가 강원도 원주에 있어 무더운 날 고속버스와 마을버스를 몇 차례나 갈아타고 방문했던 기억이 난다. 그렇게 준비해 온 아이디어를 발표했고, 담당자는 흥분하며 내 손을 꼭 잡아주었다. 그 장면은 인생 영화의 한 장면처럼 뇌리에 깊게 박혀 있다. 내 인생 첫 광고 캠페인이 성사된 날이었기 때문일 것이다.

어린이 이미지와 깍지 낀 손을 각각 인쇄한 야구장 응원용 막대 풍선 한 쌍. 막대 풍선을 맞부딪치면 자연스럽게 심폐소생술CPR이 연상되는 'CPR-STICK' 캠페인이었다. 이후 국제 광고제에서 금상과 동상을 동시에 수상하며 인정받은 이 캠페인은 내 광고 인생의 분기점이 되어주었다.

클라이언트였던 대한적십자사는 이런 방식의 캠페인과 대내외적 성과를 무척 흥미로워했고, 다음 해에는 연중 업무 플랜을 공유해 주어 지속적인 캠페인 파트너 관계로 발전할 수 있었다.

이를 계기로 나는 앞으로 계속 내 광고를 할 수 있겠다는 확신을 얻었다. 이후 본격적으로 팀을 빌딩해 지금의 아이디엇을 만들어가기 시작했다.

극한의 제약 속에서 발견한 마케팅 전략, 솔버타이징

본격적으로 동료들을 모으며 크리에이티브 회사 아이디엇의 시작을 알렸다. 회사명은 '아이디어idea'와 '이디엇idiot'의 합성어로 '아이디어만 생각하는 바보'라는 순수한 의미와 우리의 페르소나를 담았다.

팀을 만들고 첫해에는 대한적십자사를 비롯한 기념일 공략 광고들을 해나가며, 안정적인 캐시카우를 만들 수 있도록 기존에 내가 운영하던 온라인 광고 마케팅에 집중했다. 다행히 온라인 광고에서 창출한 수익으로 홍대로 사무실도 옮기고 동료들의 집 보증금까지 해결할 수 있었다.

홍대로 넘어와서는 해야 할 일이 있었다. '우리가 얼마나 크리에이티브한 일을 할 수 있는지 증명하자.' 이게 우리의 목표였고, 이를 위해 더 적극적으로 일했다. 무슨 작업이든 하기 위해 각종 NGO 단체나 공기관에 재능 기부를 하겠다고 나섰다. 심지어 이마저도 하게 해달라고 부탁해 가며 겨우겨우 설득해 성사시킬 수 있었다.

그렇게 겨우 재능 기부를 허락받아도 우리에게는 넘어야 할 산이 또 기다리고 있었다. 애초에 이 단체들에는 광고 예산이 따로 없으니, 많은 제작비와 매체비가 필요한 광고를 할 수가 없었던 것이다. 결국 우리의 주머니를 털어 스티커, 포스터, 서류 봉투 등 10만 원 이내로 제작 가능한 광고 방안들을 구상해야 했다.

이처럼 극한의 제약 속에서 이를 극복하기 위해 아이디어를 내다 보니 광고의 메인 소재를 소비자의 실생활 접점에서 찾는 나만의 기획 스타일이 잡혔다.

사람들의 일상에 깊숙이 침투하여 문제가 발생한 그 현장에서 해결하는 마케팅, '솔버타이징solution+adverting'의 시작이었다.

이곳은 쓰레기통이 아닙니다.

홍대 거리 쓰레기를 줄인
미니 환경미화원 스티커

홍대에 막 입성했을 때, 젊은 에너지와 낭만에 설레던 우리는 곧 홍대의 현실과 마주하게 되었다. 막상 사무실을 구하고 보니 홍대에서의 생활은 낭만과는 거리가 멀었다. 매일 출근길마다 마주하는 풍경 때문이었다. 홍대는 밤새 사람들이 남긴 쓰레기로 몸살을 앓는 동네였다.

실제로 사무실 앞에 세워놓은 내 자전거 바구니에 아침마다 쓰레기가 가득 차 있을 땐 상당히 당황스럽더라. 우리가 얼마만큼 크리에이티브한 일을 할 수 있는지 증명하기 위해 재능 기부로 공익광고를 만들던 시기이다 보니 피부로 느껴지는 이 문제, 길거리에 무분별하게 버려지는 쓰레기 문제를 해결하기로 마음먹었다.

그렇다면 사람들은 왜 길거리에 쓰레기를 버리는 걸까? 직접 찾아다니며 인터뷰를 해보니 가장 많은 답변은 "쓰레기통이 어디 있는지 몰라서"였다. 처음부터 쓰레기를 버리려던 것이 아니라 한참을 들고 다니다가 결국 쓰레기통을 찾지 못해 구석진 곳이나 이미 쓰레기가 쌓여 있는 곳에 슬쩍 버리게 된다는 말이었다.

이야기를 듣고 보니 단순히 나쁜 사람들이라서 쓰레기를 버렸다고 비난하기는 어렵다는 생각이 들었다. 물론 길에 쓰레기를 버리는 건 나쁜 행동이지만, '쓰레기통의 위치'라는 정보가 있었다면 다르게 행동할 수도 있지 않았을까?

그래서 사람들이 쓰레기를 버리려는 그 순간에 쓰레기통의 위치와 방향을 알려주는 작은 표지판 아이디어를 떠올렸다. 이를 안내하는 것은 단순히 픽토그램이 아니라 우리가 쓰레기를 버린다면 직접 치워야 하는 사람, 즉 '환경미화원'이면 좋겠다고 생각했다. 연세가 지긋한 환경미화원이 오히려 밝은 미소로 쓰레기통의 위치를 안내해 준다면 사람들의 마음을 자극하여 쓰레기통으로 발걸음을 옮기게 할 수 있으리라고. 그렇게 탄생한 '미니 환경미화원 스티커' 캠페인은 집요한 선제안 끝에 마포구청의 승인을 받아 홍대 곳곳에 부착되었다.

부착 일주일 뒤. 결과는 상상 이상이었다. 작은 스티커 한 장으로 주변이 눈에 띄게 깨끗해졌다. 부착지 인근을 담당하는 환경미화원과 상인들을 대상으로 인터뷰한 결과, 쓰레기가 줄었다는 응답률이 무려 93%에 달했다.

무엇보다 이 스티커는 각종 온라인 커뮤니티와 SNS에 퍼지더니 KBS, MBC, SBS 등 공중파 뉴스 및 언론 40여 곳에 소개되며 전 국민적인 주목을 받았다. 한 방송사는 직접 현장에 나와 실험 카메라까지 설치했는데, 사람들의 행동 변화를 체감하고 놀라워했다. 이 방송이 나가자 환경미화원 스티커 캠페인은

행동을 변화시키는 넛지nudge 아이디어의 대표 사
례로 불리며 전국 초·중·고등학교의 국어와 미
술 교과서에까지 실렸다. 전국 지자체들의 요청
으로 지방 곳곳에 미니 환경미화원 스티커가 보
급되기도 했다.

KBS 뉴스에서 소
개된 미니 환경
미화원 스티커
캠페인

　6만 원, 놀랍게도 이 캠페인을 진행하며 사용한 총 제작비다.
스티커 출력 비용 6만 원.

　만약 TV 광고에서 일방향으로 메시지를 전달하는 공익광고
영상을 만들었다면 어땠을까? 이런 실질적인 변화를 이끌어낼
수 있었을까? 아마 수십억 원을 쓰더라도 어려웠을 것이다. 이
차이야말로 매체와 형식의 제약을 뛰어넘는, 문제의 접점에서
아이디어로 사람들의 행동을 즉각적으로 변화시키는 '솔버타
이징'의 위력이다.

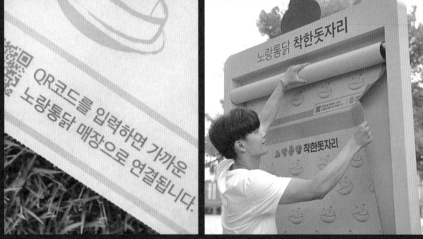

친환경 크라프트 종이로 만든 착한 돗자리.
QR 코드를 입력하면 가까운 노랑통닭 매장으로 연결됩니다.

착한 돗자리,
SNS를 열광하게 하다

아이디엇이 재능 기부, 공익광고로 업계에 이름을 알리자 기업들에서도 러브콜이 오기 시작했다. 작은 상업 광고를 담당할 수 있는 기회가 막 생기기 시작한 것이다. 그 시기에 했던 것이 바로 '노랑통닭 착한 돗자리 캠페인'이었다.

지금은 큰 규모로 성장했지만 당시 노랑통닭은 가맹점도 많지 않고, 전국 단위 TV 광고를 진행하기에는 여력이 없는 상황이었다. 하물며 국내에는 이미 훨씬 많은 마케팅 비용을 쓰는 인지도 높은 치킨 브랜드가 넘쳐났다. 이런 시장 포화 속에서 단순히 맛이나 가격, 브랜드 파워, 유명 모델을 내세운다면 효용성이 크지 않으리라 판단했다.

나는 노랑통닭의 상황처럼 일반적인 접근으로는 뾰족한 승부를 볼 수 없을 때, 매체와 형식의 제약을 뛰어넘어 실제 고객 일상의 접점으로 다가갈 수 있는 방법인 '솔버타이징'이 적합하다고 생각했다. 그래서 가장 먼저 사람들이 실제로 치킨을 구매할 때의 접점을 찾아봤다.

통계로 국내에서 야외 활동을 하며 가장 많이 주문하는 음식 1위가 치킨이라는 사실을 알 수 있었다. 마침 각종 뮤직 페스티벌과 한강공원을 중심으로 피크닉이 성행하던 때였다.

야외 활동 중인 잠재 고객의 구매 접점에 브랜드를 효과적으로 어필하는 방안이 있지 않을까? 그렇게만 하면 매출 증대는 물론이고 브랜드 호감도를 쌓을 수 있지 않을까?

생각을 좁혀가며 세부적인 인사이트를 얻고자 직접 한강공원으로 나가 피크닉을 하는 사람들의 행동을 살펴봤다. 그러다 즐거운 피크닉에 반드시 수반되어야 하는 아이템, '돗자리'가 눈에 들어왔다.

한강에서 치킨을 시켜 먹으려면 돗자리가 꼭 필요하다. 하지만 차가 있는 게 아니면 돗자리를 미리 준비하기가 쉽지 않다. 집에서부터 챙겨 나와 하루 종일 그 큰 부피의 짐을 들고 이동해야 하기 때문이다. 번거롭고 불편한 일이다. 한 번의 피크닉을 위해 편의점에서 돗자리를 구매하는 것도 아깝게 느껴진다. 가장 저렴한 은박 비닐 돗자리를 구매하더라도 일회용으로 생각하고 가장 싼 것을 산 만큼 사용한 뒤 무분별하게 버리고 가게 되니, 환경과 자원 문제도 심각하다는 생각이 들었다.

정리하자면 치킨 주문을 하는 고객의 구매 여정customer journey map에는 반드시 돗자리가 필요하지만, 돗자리의 불편함은 개인적 차원에서는 난처한 경험이자 사회적 차원에서는 환경과 자원의 손실 문제로 이어진다.

우리는 이를 해결하기 위해 친환경 크라프트 종이로 만든 '착한 돗자리 패널'을 피크닉 장소마다 설치해 누구나 한 장씩

뜯어 갈 수 있는 마케팅을 진행했다. 사람들이 돗자리를 챙겨 오거나 구매하지 않아도 되게끔 '간편함'을 제공한 것이다.

돗자리 가장자리에는 QR 코드를 인쇄하여 가까운 노랑통닭 매장으로 연결해 직접적이고 편리하게 주문하도록 했다. 크라프트 종이라 부담 없이 사용하고 접어서 재활용 수거함에 버릴 수 있는 것도 큰 장점이었다.

브랜딩 차원에서도 절묘한 부분이 있었다. 노랑통닭의 아이덴티티는 어릴 적 아버지가 월급날이면 사 오시던 '노란 봉투'에 담긴 통닭이다. 착한 돗자리도 노란 크라프트 종이로, 브랜드 아이덴티티를 그대로 문제 해결 소재로 확장했다는 점에서 완성도를 더했다.

우리는 이 착한 돗자리 캠페인을 디지털 콘텐츠로 가공해 온라인에서 집중적으로 홍보했다. 오프라인에서 실행된 아이디어지만, 직접 한강공원에서 프로모션을 경험하는 사람들은 매우 한정적이기 때문이다. 이 캠페인의 본래 목적 또한 잠재 고객의 불편을 독특한 아이디어로 해결해 가는 브랜딩 활동 자체를 온라인에서 알리는 것이었다.

노랑통닭 유튜브에서 소개되어 좋은 반응을 얻은 착한 돗자리 캠페인

캠페인이 온라인에 소개되자 하루 만에 추적할 수도 없을 만큼 많은 커뮤니티와 SNS 채널들에 도배되기 시작했다. 수많은 언론, 각종 마케팅 업계 권위자들까지 앞다퉈 이 캠페인을 소개

하고 공유했다.

자발적 노출 효과를 비용으로 환산해 보니 우리가 파악한 것만 해도 35억 원 이상의 언드미디어earned media (브랜드가 소유하지 않은 외부 미디어를 통해 마케팅하는 것) 효과를 창출했다.

덕분에 노랑통닭의 브랜드 언급량은 820% 이상 증가하며 인지도를 높이는 데 크게 기여했고, 매출은 전년 동월 대비 120%나 상승하는 실질적인 효과로도 이어졌다.

광고로 브랜드의 문제를 직접 해결하다

노랑통닭 착한 돗자리 캠페인 이후 연이어 진행한 솔버타이징 캠페인들이 소위 '대박'을 치며 아이디엇은 단번에 광고 업계에 이름을 알렸다. 각종 공공기관부터 국내 대기업, 글로벌 브랜드까지 함께 작업해 보자는 요청이 쇄도했다.

우리 작업은 대한민국을 넘어 뉴욕페스티벌, 클리오, 스파이크스 아시아Spikes Asia, 애드페스트ADFEST 등 전 세계 광고제에서까지 70회 이상 수상하며 세계적으로 크리에이티브를 인정받았다.

하지만 나를 가장 뿌듯하게 했던 것은 따로 있다. 이런 광고들은 한 번도 보지 못했던 새로운 형태로 발현되어 대중들 사이에서 이야기된다talk value. 그리고 공유할 수 있는 가치share value를 만든다. 따라서 일반적인 미디어 효율을 훨씬 뛰어넘는 '진짜 바이럴 효과'를 만들어낸다. 약 7년 전 만든 환경미화원 스티커가 아직도 각종 커뮤니티에 꾸준히 올라오는 걸 보면, 잠깐 반짝하고 잊혀지는 이슈가 아니라는 것이다.

마케팅 전문가들은 이미 오래전부터 전통 광고의 몰락을 이야기했다. 디지털 마케팅 역시 초기에는 콘텐츠형 광고로 주목을 받았지만 누구나 콘텐츠를 생산할 수 있는 시대가 오며 범람하는 콘텐츠 홍수 속에서 그 영향력을 점차 잃어가고 있다.

이에 반해 솔버타이징은 사람들이 일상에서 느끼는 불편을 소재로 하는 만큼, 광고나 마케팅 트렌드에 영향을 받지 않는 마케팅 비즈니스 산업의 본질적인 해법이다. 솔버타이징은 시대를 초월하여 과거에도 유효했고 현재도 유효하며 앞으로도 유효할 것이다. 나는 광고 산업의 넥스트 크리에이티브가 점점 더 솔버타이징이 되리라 믿어 의심치 않는다.

그래서 이제부터 솔버타이징이 시장에 더 많이 보급될 수 있도록, 또 마케터들의 실무적 고충을 해결하는 방법을 알려주기 위해 솔버타이징의 원리와 사례를 제시하고자 한다. 이 책이 많은 이의 커리어와 삶의 고민에 진정한 해결'책'이 되기를 바라는 마음이다.

솔버타이징은
교집합 소재 찾기 게임이다

SOLUTION

× ADVERTISING

SOLVERTISING

> 솔버타이징은 '소비자 니즈' '브랜드 연관성' '브랜드 메시지'의 교집합 소재를 찾는 일종의 게임이다. 그 교집합 속에서 소비자의 문제와 솔루션을 도출할 수 있기 때문이다. 이 개념이 생소할 독자를 위해 이번 장의 '기초 훈련'을 마련했다.

앞서 광고주의 확실한 수요가 있는 시장을 찾다 기념일 시장을 발견했다고 이야기했다. 달력을 들여다보면 우리가 흔히 아는 기념일 외에도 정말 다양한 기념일이 존재한다.

살면서 처음 알게 된 충무공 탄신일부터 철도의 날까지 국내외 기념일을 모두 합치면 1년 365일 중 126일이나 된다. 이 기념일들은 각각 상징적인 주제를 가지고 있기 때문에, 그 주제를 대표하는 기관이나 단체들에는 매우 중요한 날이기도 하다.

예를 들어 3월 22일 '세계 물의 날'에는 물의 소중함을 알리기 위해 유니세프, 서울상수도공사 등 다양한 기관에서 매년 캠페인을 한다. 운이 좋으면 대기업에서 스폰서로 참여하여 함께

날짜/기념일	관련 기관	광고주
2월 4일 / 세계 암의 날	로리포럼협회 / 보건복지부	생명재단
3월 8일 / 국제 여성의 날	여성가족부	도브, 로레알, 도브 , 화장품
3월 21일 / 국제 인종 차별 철폐의 날	세계교육문화협회 TBWA / 유니세프 / 월드비전 / un 경제사회 이사회 / 인권연대	예매사
3월 22일 / 세계 물의 날	유니세프 / 복지부 / 서울시 / 상수도 사업본부 / 한국수자원공사 / 한국상수도협회	운림기업 / 유한킴벌리
3월 24일 / 세계 결핵의 날	질병관리본부 / 보건복지부 / 적십자사	생명재단
4월 2일 / 세계 자폐증 인식의 날	보건복지부 / 장애인고용공단 / 복지자사	교육부 / 한독제약
4월 4일 / 지뢰 인식과 지뢰 제거 활동 국제 지원의 날	국방부 / 복지부 / 유니세프 / 월드비전	복지 제거 업체
4월 7일 / 보건의 날	보건복지부 / 세계보건기구(WHO) / 로컬병원연합	신로.구 보건환경연구
4월 20일 / 장애인의 날	한국 경제성장개발 / 사회복지단체	대기업 / 신로.구 운영
4월 21일 / 과학의 날	교육부	카이스트, 효류조단 국민아시안 CARE조볼로지스
4월 22일 / 지구의 날	사회공동단체 / 유니세프 / 월드비전	환경단체
4월 29일 / 세계 춤의 날	국제무용협회	에티에터민트 기획사
5월 1일 / 노동자의 날 / 근로자의 날	고용노동부 / 한국경제개발공단	대기업 노동조합
5월 4일 / 국제 소방관의 날	국민안전처(소방방재청) / 소구 / 재난정보관리	대기업 / 신로.구 운영 / 삼부
5월 8일 / 세계 적십자와 적신월사의 날	보건복지부 / 적십자사	복지부사 , SBO
5월 11일 / 입양의 날	대한사회복지회 / 중앙입양원 / 한국사회복지회	신로.구 운영 , 세계입양정보 운영기관
5월 31일 / 세계 금연의 날	보건복지부 / 적십자사 / 교육부	서울시, 대기업 , 신로.구 운영
6월 5일 / 세계 환경의 날	환경부 / 해양수산부 / 국토교통부	LG생활건강비온드LG염색사
6월 8일 / 세계 해양의 날	해양수산부	생명재단
6월 14일 / 세계 헌혈의 날	대한적십자사	대기업 봉사업
6월 20일 / 세계 난민의 날	국토교통부, 대한건강관리봉사협의회	유니세프, 적십자사
6월 21일 / 세계 음악의 날	한국음악협회	MBEK, 엔터테인먼트
6월 26일 / 약물 남용 및 불법거래와의 국제 투쟁의 날	식약청 / 보건복지부 / 교육부 / 한국마약퇴치운동본부	민간단체, 학교
7월 첫째 토요일 / 국제 협동조합의 날	미로.부 / 고용노동부	대학생활연합회, 대기업, 중소기업
8월 12일 / 국제 청소년의 날	교육부	동네철도, SK
4월 18일 / 철도의 날	문화체육관광부	아스피로 SK
9월 7일 / 사회복지의 날	한국사회복지사협회	신로.구 운영
9월 10일 / 세계 자살 예방의 날	여성가족부 / 교육부 / 보건복지부 / 유니세프 / 월드비전	가톨릭대학교병원
9월 10일 / 세계 치매의 날	여성가족부 / 보건복지부 / 복지사	종합병원 / 요양원 , KBS
9월 19일 / 철도의 날	국토교통부 / 코레일 한국철도공사 한국재활협회도우니 / 국가표준원	병원, 철도청 , 보험사
9월 21일 / 세계 평화의 날	대한적십자사	Double A , STAEDTLES , 종산협동
9월 22일 / 세계 자동차 없는 날	환경부	삼천리 자전거 , 현대 지로도
9월 30일 / 세계 번역의 날	보건복지부 한국번역협회 / 대한민국정부	한글, 교육청
10월 1일 / 국군의 날	국방부	CC편지로 , 동네철도, 메리앤스
10월 1일 / 국제 노인의 날 , 세계 채식 주의자의 날	노인복지운동연합 , 대한노인회 / 한국노인운동협회	삼성생명, 한의사생명, 생명생활재단

캠페인을 만들기도 한다.

  이런 캠페인은 규모가 크지 않아서 대기업 광고 회사들은 경쟁에 참여하지 않는다. 또한 일반적인 TV 광고와는 달리 독특한 이벤트를 할 수 있어 색다른 아이디어를 보여주기에도 적합하다. 기관이나 단체의 인지도도 높은 편이라 신생 회사로서는 잘 알려진 클라이언트와 캠페인을 한다는 장점도 있다.

  나는 우선 기념일마다 활동하는 단체와 예상 스폰서 기업을 매칭한 리스트를 만들었다. 그리고 리스트를 작성한 시점부터 최소 6~9개월 후의 기념일들을 분석하여 그에 맞는 아이디어를 기획했다.

  이때 보통의 제안서 구조도 뒤집었다. 내 아이디어를 일방적으로 소개하기보다는 기관에서 진행했던 기존 광고나 홍보 사례를 분석한 뒤, 기존 캠페인의 목표와 부족한 점을 먼저 제시했다. 그리고 어떻게 나아질 수 있는지 그 해결책으로 내 아이디어를 보여주었다.

그렇게 방향을 바꾼 뒤, 몇 번의 시도 끝에 마침내 내 인생 첫 광고 캠페인이 성사된 것이다. 먼저 소개했던 대한적십자사와 함께한 '세계 응급처치의 날 캠페인'이었다.

막대 풍선으로 심폐소생술을 인식시키다

매년 9월 둘째 주 토요일은 세계 응급처치의 날이다. 이날 대한적십자사에서는 일상 속 응급처치의 중요성을 알리는 교육 및 홍보 활동을 벌인다. 그동안은 대체로 큰 강당이나 부스를 대여해 사람들을 모아 일방적인 교육을 진행해 왔다.

그런데 문제는 이날이 9월 둘째 주 토요일이라는 데 있었다. 1년 중 날씨가 가장 좋은 가을 주말, 적십자사의 교육 프로그램을 들으러 오겠다는 사람은 거의 없을 것이다. 이런 탓에 적십자사는 모객을 위해 또다시 홍보를 하며 자원과 에너지를 이중으로 소비하고 있었다.

그래서 내 기획의 첫 과제는 굳이 모객을 하지 않게끔 애초에 많은 사람이 알아서 모여드는 곳을 찾는 것이었다. 그렇게 찾아낸 장소가 바로 '야구장'이었다. 한 경기에만 2만 명씩 몰려드는 곳. 여기에서 캠페인을 한다면 적어도 모객 때문에 실패하지는 않으리라고 생각했다.

두 번째 과제는 야구장에서 응급처치를 알릴 수 있도록 접목할 만한 소재를 찾는 것이었다. 전광판, 유니폼, 티켓 등 많은 소재와 방법을 고려했지만 마땅한 것이 없었다. 고민하던 때 모든 관중이 손에 하나씩 쥐고 있는 물건이 눈에 들어왔다. 바로 응원용 막대 풍선이었다. 인공호흡을 할 때도, 풍선을 부풀릴 때도 입으로 바람을 불어 넣는 유사한 행동을 하지 않는가?

소재를 찾았으니 두 번째 과제는 해결했고, 마지막 과제가 남았다. 응원용 막대 풍선에 응급처치라는 메시지와 비주얼을 어떻게 담을 것인가. 아이디어가 점점 완성되어 가고 있었다.

소비자 니즈, 브랜드 연관성, 브랜드 메시지의 교집합 게임

야구장 응원용 막대 풍선 한 쌍에 어린이 이미지와 깍지 낀 손 이미지를 각각 인쇄하여 심폐소생술CPR을 간접 경험하게 하는 'CPR 스틱' 아이디어는 바로 이러한 과정으로 탄생했다.

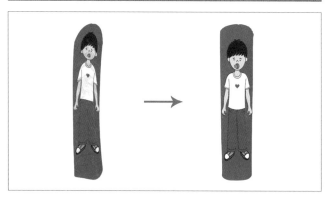

① 공기 주입구에 바람을 불어 넣으며 어린이의 입에 인공호흡을 실시하면 아이가 펴지며 살아나는 듯한 경험을 전달

② 응원 박자에 맞춰 한 쌍의 막대 풍선을 부딪치면 깍지 낀 손이 아이의 흉부를 압박하는 듯한 심폐소생술을 간접 체험

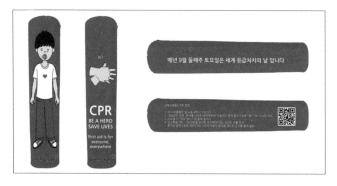

③ 막대 풍선 뒷면의 QR 코드를 통해 대한적십자사의 응급처치 교육 확인

CPR 스틱 아이디어는 한국프로야구연맹^{KBO}의 협조로 여덟 개 구단이 동참해 전국 네 개 지역(서울, 인천, 대전, 부산)에서 실행됐으며 총 9만여 명이 동시에 참여한 캠페인으로 큰 성공을 거두었다. 당시 나는 홀로 대한적십자사의 RCY 맴

캠페인 당시 CPR 스틱을 사용하는 관중들의 모습을 담은 영상

버들과 야구단 운영 팀의 협조로 지금까지도 경험해 본 적 없는 커리어 사상 최대 규모의 행사를 치르게 되었다. 아직도 믿겨지지 않는 순간이다.

이 캠페인은 내 광고 인생에 가장 큰 깨달음이자 가장 기본적인 기획 원칙을 세워주었다. 광고주 입장에서는 아무리 중요한 메시지일지라도 소비자에게는 그 이야기를 들어야 할 의무도, 들을 의향도 없다는 것이다.

광고주 입장에서 중요한 것을 이야기하려면 반드시 소비자의 관점에서 그들이 관심을 갖고 열광하는 소재를 찾아야 한다. 그리고 그 소재들 중 브랜드와 연관성 있는 소재, 전달하고 싶은 메시지의 교집합을 찾는 작업이 필수다.

크리에이티브를 막연히 '고뇌 속에서 번뜩이는 영감'이라고 생각하는 사람들이 있다. 그런데 직업인으로서 언제 번뜩일지 모르는 영감을 기다리며 고통받고 있을 수는 없는 노릇이다. 그래서 '소비자가 열광하는 소재(소비자 니즈)' '브랜드와 연관성 있는 소재(브랜드 연관성)' '브랜드가 전달하고 싶은 메시지(브랜

드 메시지)'라는 세 가지 요소의 교집합을 찾으라고 이야기하는
것이다. CPR 스틱도 '교집합 찾기'를 통해 도출된 아이디어다.

[소비자 니즈] 야구장
[브랜드 연관성] 응원용 막대 풍선
[브랜드 메시지] CPR 교육 및 체험

이렇게 소비자가 기존에 니즈를 가지고 있으면서도 브랜드
와 연관성이 있는 제품이나 서비스에 브랜드가 전달하려는 메
시지를 담아야 한다. 이것이 바로 솔버타이징의 기초다.

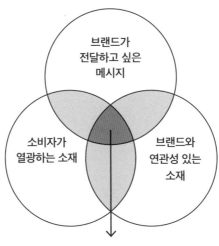

세 가지의 교집합 소재를 찾는 것이 솔버타이징

브랜드가
전달하고 싶은
메시지

소비자가
열광하는 소재

브랜드와
연관성 있는
소재

교집합 = 솔버타이징(solvertising)

설명만 보아서는 어려움을 느끼는 독자들이 있을 것이다. 솔버타이징을 처음 접하는 이들을 위해 질문에 답하며 방향을 찾아갈 수 있도록 솔버타이징의 단계마다 마지막에 내가 활용하는 '마케팅 시트'를 첨부했다. 먼저 내가 쓴 시트의 예시를 보고, 해당 단계의 공식을 활용한 다양한 마케팅 사례들을 접한 뒤 첨부한 마케팅 시트를 직접 작성해 보기 바란다.

SOLVERTISING 1. MARKETING SHEET 예시

※ 예시를 위해 'CPR 스틱' 제작 당시 작성한 시트의 일부분을 발췌했다.

1. 소비자의 니즈에 부합하는 소재를 나열해 보자.
9월 둘째 주 가장 많은 사람이 모이는 곳: 야구장
(야구장의 응원용 막대 풍선, 응원가, 사인볼, 맥주, 치어리더, 티켓, 유니폼 등)

2. 마케팅을 하려는 브랜드와 연관성 있는 소재를 나열해 보자.
응원용 막대 풍선, 전광판, 구장 내 방송

3. 브랜드가 전달하고 싶은 메시지를 나열해 보자.
CPR의 중요성 안내하기, CPR 방법 교육하기, CPR을 직접 경험시키기

사실 이 학습지는
환경을 위한 영어 학습지입니다.

환경 보호의 중요성을 깨닫게 되는
영어 학습지

몇 년 전 ESG 경영 열풍이 불었음을 기억할 것이다. ESG란 환경Environment, 사회Social, 지배 구조Governance의 약자인데, 기업의 사회적 책임이 중요해지면서 세계적으로 많은 금융 기관이 ESG 역량 평가 지표를 활용하고 있다. 지속 가능한 발전은 기업 입장에서도 생존을 위해 필수라는 것이다.

ESG 열풍은 아이디엇에도 엄청난 성장 기회로 이어졌다. 나는 창업 초기 크리에이티브 역량을 증명하고자 대한적십사자 CPR 스틱 캠페인 등 공공 캠페인을 주로 진행했다. 그 덕분에 의도하지 않았음에도 ESG와 관련된 포트폴리오가 차고 넘칠 만큼 쌓인 것이다.

어느새 나는 광고계에서 ESG 트렌드와 브랜드를 연결하는 핵심 리더로 주목받기 시작했다. 브랜드가 나아갈 방향을 묻는 인터뷰와 강연 요청이 쏟아지고, 업계 최고 권위 행사인 칸 라이언즈에서 브랜드의 지속 가능한 마케팅을 테마로 세션까지 진행하게 되었다.

그 관심의 끝은 ESG 캠페인을 함께해 보자는 수많은 브랜드의 요청이었다. 이 중에서 가장 먼저 유의미한 성과를 냈던 GS 칼텍스와의 프로젝트가 있어 이야기해 보고자 한다.

대한민국의 대표 정유사 GS칼텍스는 자동차 산업이 점점 전기차에 편향되며 고민이 깊어졌다. 이제는 휘발유를 공급하는 정유사로만 인식되어서는 안 되는 상황에 처한 것이다.

실제로 GS칼텍스는 ESG 평가 지표에서 유의미한 점수를 얻는 것을 넘어, 친환경 미래형 산업 구조로 전환하려는 체질 개선 사업을 진행하고 있었다. 이를 위해 그동안의 활동과 비전을 소비자에게 보여줌으로써 친환경 ESG 기업으로서의 이미지를 만들고 싶어 했다.

우리는 GS칼텍스의 목표를 효과적으로 달성하기 위해 교집합 찾기 원리를 그대로 대입해 보았다. 앞서 브랜드 입장에서는 보여주고 싶은 활동도, 이야기도 많겠지만 소비자에게는 그것을 들을 의무도, 의향도 없다고 설명했다. 그동안 진행되었던 수많은 친환경 캠페인도 마찬가지였다. 소비자는 친환경이라는 메시지를 들으려고 하지 않았다.

여러 친환경 캠페인 사례를 찾다 보니 대부분 공통적으로 구조적인 모순을 가지고 있었다. 바로 환경 보호의 중요성을 알리는 목소리가 이미 그 문제에 관심을 가진 사람들에게만 도달되고 실천된다는 것이었다. 하루에도 수십 번씩 각종 언론, 미디어를 통해 환경 보호에 대한 메시지가 전달되었지만 관심이 없는 이들에게는 호소력 있게 다가가지 못하는 상황이었다.

수많은 브랜드에서 텀블러, 에코백 등을 열심히 만들어 나눠

주었지만 이미 알고 소비하는 사람에게만 사용될 뿐, 관심이 없는 사람에게는 오히려 그마저도 자원 낭비에 불편한 제품으로만 인식되었다.

우리는 무작정 브랜드의 이야기를 하거나, 친환경 캠페인을 진행하는 것으로는 이 구조적 모순을 해결할 수 없다고 보았다. 먼저 환경 보호가 얼마나 중요한 일인지, 왜 실천해야 하는지 정확한 이유와 필요성을 깨닫게 해줘야 한다고 생각했다. 그래야 브랜드의 이야기도 효과적으로 전달할 수 있으리라고.

다만 '어떻게'가 문제였다. 광고나 교육 같은 일방적인 방식으로는 들으려고 하지 않으니, 소비자의 관심사 속으로 들어가 '그들도 모르는 사이에' 환경 보호의 중요성과 메시지를 습득하게 만들어야 했다. 이를 위해 교집합 찾기 원리를 대입해 보았다.

사람들이 열광하는 소재 중 스스로 찾아서 공부까지 하는 것이 있었다. 앞으로 친환경 시대의 주역인 1030세대가 매우 큰 관심을 두고 찾아서 공부까지 하는 소재, 바로 '영어'였다.

이들은 특정 브랜드가 어떤 활동을 하는지, 환경을 왜 보호해야 하는지는 전혀 알고 싶어 하지 않지만, 영어는 공부해야 한다. 필요하기 때문이다. 그래서 우리는 '영어 학습지'를 만들기로 했다. 물론 평범한 학습지는 아니었다. 학습지의 지문들을 몰래 환경과 관련한 내용으로 채워 넣은 것이다.

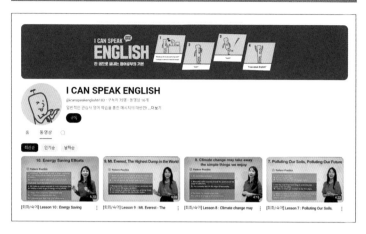

바로 '위장 전술 영어 학습지'다. 영어 공부를 하면서 본인도 모르는 사이에 환경 보호의 중요성과 실천 방안, 브랜드의 활동까지 상세하게 알도록 한 것이다. 소비자는 문제를 풀기 위해 지문을 해석하고 고민하다가 자연스레 환경에 대해 이해하고 학습할 수 있다.

[소비자 니즈] 영어 공부
[브랜드 연관성] 환경 보호
[브랜드 메시지] 환경을 보호하는 브랜드의 활동을 홍보

우리는 타깃의 수용성을 넓히고자 학습지를 '성인용 회화·

숙어 편'과 '학생용 독해·문법 편' 두 버전으로 제작했다. 인터넷 강의로도 만들어 학습지 내 QR 코드를 통해 보조 자료로 함께 시청할 수 있도록 했다.

이렇게 제작한 위장 전술 영어 학습지를 각종 독립서점, 스터디 카페 등 전국 400여 지점에 무료로 배포했다. 또한 오프라인에서 실제 강의를 진행한 뒤, 학습자에게 환경과 관련된 내용의 시험지를 풀게 했다. 그러자 평균 점수 87점이라는

위장 전술 영어 학습지의 환경 문제 인식 효과를 담은 GS칼텍스 광고 영상

놀라운 학습 결과를 얻을 수 있었다. 참가자들 중에는 즉각적인 실천으로 행동을 변화시킨 사람도 있었다. 영어 지문에 페트병을 버릴 때는 라벨을 제거해야 한다는 내용이 있었는데, 교육 도중 한 학생이 실제 본인 앞에 놓인 생수병 라벨을 제거하는 모습이 관찰 카메라 영상에 담기기도 했다.

온라인에 소개된 이 캠페인은 환경과 교육, 마케팅 업계에 뜨거운 관심을 불러일으켰다. 실제로 경기도의 한 중학교는 수업 교재로까지 채택하는 등 놀라운 일들이 연이어 벌어졌다.

이처럼 위장 전술 영어 학습지는 사람들이 열광하는 '영어'라는 소재를 찾고, 이를 통해 브랜드의 'ESG 활동'이라는 메시지를 전달했다. 간단한 교집합 찾기 사례다.

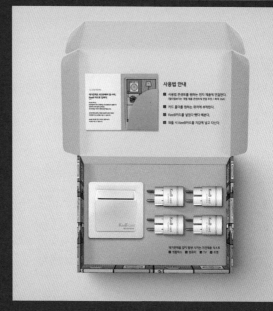

지구를 지키는 카드
CARD that saves the EARTH

호텔 감성을 누리면서
에너지를 절약하는 방법

두 사례를 보고도 교집합 찾기가 여전히 힘든 독자를 위해, 같은 ESG 캠페인 중 응용 사례를 찾아보았다. KB국민카드와 함께한 캠페인이다. 당시 KB국민카드의 요청 사항을 한 줄로 요약하면 다음과 같다. 'MZ 세대를 위한 KB국민카드의 ESG 캠페인.'

이 한 줄을 교집합 찾기 원리에 대입해 보면 어떨까?

MZ 세대를 위한 KB국민카드의 ESG 캠페인
[소비자]   [브랜드]   [메시지]

그래서 이번에는 교집합의 요소 중 '브랜드와 연관성 있는 소재'를 가장 먼저 찾고, 이후 교집합을 찾는 도전을 했다.

[브랜드 연관성] 카드 회사와 연관성 있는 소재 중

[소비자 니즈] MZ 세대에게 '힙'하고
[브랜드 메시지] ESG와도 연결될 수 있는 소재

'카드' 관련 소재를 하나씩 추려나간 과정

<브랜드 렐러번스>   <소비자 니즈>   <메시지>

교통 카드
타로 카드
SD 카드   타로 카드
그래픽 카드   그래픽 카드
복지 카드
옐로우 카드
레드 카드
크리스마스 카드
호텔 카드 키   호텔 카드 키   호텔 카드 키
.   .
.   .
.   .
카드 놀이 (포커, 원카드)   카드 놀이 (포커, 원카드)

우선 '카드'라고 불리는 소재들을 떠오르는 대로 최대한 많이 나열해 봤다. 교통 카드, 타로 카드, SD 메모리 카드, 그래픽 카드, 복지 카드, 레드카드, 크리스마스카드, 호텔의 카드 키 등약 40개의 소재를 쭉 나열한 뒤, 타깃인 MZ 세대의 트렌드와 부합하고 마케팅적으로 신선도가 있는 소재들을 필터링하자 5~6개가 추려졌다. 이들 중 ESG 메시지와 부합할 수 있는 소재를 찾아보자 단 하나만이 눈에 들어왔다. '호텔 카드 키'였다.

이것으로 아이디어 기획이 끝났다. 실제로 30분도 채 걸리지 않았다. 솔버타이징의 메인이 되는 소재를 찾았기에 남은 일은 세부적인 캠페인 구성과 클라이언트를 설득하기 위한 문서 정리뿐이었다.

제안서에서는 먼저 소비자 트렌드를 조명했다. "요즘 MZ 세대, 집 꾸미기에 진심이다." 실제로 MZ 세대에게 집은 단순히 거주 공간을 넘어 자신의 취향을 보여주는 수단으로 확장되고 있었다. 또한 코로나19를 계기로 집 꾸미기에 대한 관심이 크게 증가했다.

그리고 이런 집 꾸미기의 끝판왕은 바로 내 집을 호텔처럼 만드는 것이다. 2030세대 1200명을 대상으로 조사한 결과, 월 1~2회 이상 호텔을 이용한다는 응답자가 60% 이상이었다. 이른바 '호캉스'에 대한 선망이 날로 커지고 있었다. 여기에 더해 MZ 세대는 호캉스를 넘어 매일 머무는 공간까지 호텔과 같기를 바랐다.

'호텔 감성'에 열광하는 MZ 세대의 트렌드와 카드 회사의 연관성 있는 교집합 소재를 찾다 보니 '호텔 카드 키'가 나온 것이었다. 그런데 이 카드 키 시스템은 호텔에서 객실의 불필요한 전력을 일괄 차단하기 위한 에너지 절약 목적으로 설계되었다고 한다. 그렇다면 소비자들이 집에서도 카드 키 시스템을 사용하면 어떨까? 호텔의 감성과 즐거움을 누리는 동시에 대기 전력 차단의 효과도 얻을 수 있지 않을까? 그렇게 탄생한 캠페인이 바로 대기 전력을 'keep'하는 'KeeB 카드 캠페인'이다.

KeeB 카드는 누구나 집에서 전기 설비 없이 호텔 카드 시스템을 사용할 수 있도록 고안되었다. 방식은 간단하다. 카드 홀더와 스마트 플러그가 무선 통신으로 연결되어, 카드 홀더에 카드를 넣으면 전력이 들어오고, 카드를 빼면 전력이 차단되는 방식이다. 카드 홀더를 벽이나 현관문에 부착한 뒤 집 곳곳에 플러그를 연결하면 된다.

우리는 이 솔루션 아이템을 개발한 뒤, 캠페인을 알리는 메인 광고 영상을 배포하고 제품 신청을 받는 온라인 사이트를 오픈했다. 오프라인에서는 체험형 광고를 했는데, 실제 호텔과 컬래버레이션하여 고객 프로모션까지 아우르는 폭넓은 IMC Integrated Marketing Communication(통합 마케팅 커뮤니케이션) 캠페인을 진행했다.

이 캠페인 또한 좋은 결과를 얻었다. 캠페인 오픈 직후 서버가 다운될 만큼 많은 사람이 신청해 준비한 수량이 조기 마감되었다. 사람들이 열광하는 소재에 아이디어를 담으니 광고를 위한 제품이어도 서로 갖고 싶어 몰려든다는 점이 신기하게 느껴졌다.

무엇보다 보람 있었던 것은 사람들이 집에서 실질적인 대기전력 차단 효과를 창출해 냈다는 것이다. KeeB 카드 1000장 기준으로 효과를 추정해 보면 한 달간 2만 8900킬로그램의 탄소절감 효과가 예상된다(한국 기후·환경 네트워크 '탄소 발자국 계산기'를 활용해 계산한 수치다). 이 효과가 1년간 지속되고, 또 10년간 지속된다면 얼마나 큰 환경 보호 효과로 이어질까?

이처럼 교집합 찾기 원리를 통해 솔버타이징의 소재를 찾는다면 단순히 메시지 전달에만 그치지 않고 사람들의 실제 행동을 이끌어낼 수 있다. 그러면 우리의 일상을 바꾸고 나아가 세상을 바꾸는 캠페인이 가능해진다. 하물며 광고 회사의 역할 또한 훨씬 커질 수 있다.

이러한 캠페인은 단순히 광고 한 편에서 그치지 않는다. 제품을 만들고 이를 중심으로 광고 영상, 웹, 옥외물, 프로모션 등 고객 접점 채널을 무한히 넓히며 원 소스 멀티 유즈One Source Multi-Use, OSMU 형태의 IMC 캠페인을 전개할 수 있다.

무엇보다 광고 제품이 직접 사람들의 집 안으로 침투하여 평생 미디어로서의 역할을 수행할 수 있다면 그야말로 대단한 마케팅 성과가 아닐까? 내가 생각하는 광고의 미래에 가장 가까운 모습이다.

곰표, 세상을 이롭게 하라!

산속 쓰레기를
소비자가 직접 줍게 하다

    교집합 찾기 원리를 응용한 네 번째 사례를 소개한다. 마케팅 업계에 컬래버레이션 굿즈로 한 획을 그었던 '곰표'와 함께한 캠페인이다. 곰표는 우리와 협업하기 전부터 큰 이슈를 만든 브랜드이기 때문에, 다음 마케팅 방향에 대해 개인적으로 고민이 많았다.

    하지만 원리를 응용해서 되지 않는 프로젝트는 없다. 소비자들이 열광하는 소재가 외부에 있지 않고 브랜드 자체에 이미 있을 때, 세 가지 교집합을 어떻게 연결하면 좋을까? 당시 상황을 브랜드, 타깃, 메시지라는 세 가지 구조에 정리해 보았다.

[소비자 니즈] 곰표 굿즈

[브랜드 연관성] 곰표 굿즈

[브랜드 메시지] ?

    이렇게 이미 두 개의 교집합이 일치하고 있었다. 그렇다면 교집합인 '브랜드 굿즈'에 어떤 메시지와 역할을 부여할지 찾아내기만 하면 쉽게 풀리는 문제인 것이다. 그래서 소비자가 브랜드 굿즈에 얼마나 열광하고 있는지 그 현상을 들여다보며 새로운 의미를 찾아나갔다.

당시 곰표 맥주, 곰표 패딩, 팝콘 등 수십 종의 컬래버레이션 굿즈들은 출시만 하면 모조리 완판, 품절 대란을 일으키며 큰 화제성을 만들고 있었다. 그 열기가 워낙 뜨겁다 보니 각종 실시간 검색어, 연관 검색어, 지식인 등에는 항상 곰표 굿즈의 판매처를 찾는 글들이 쏟아졌다. 어느 공중파 프로그램에서는 해당 제품을 구하기 위해 동네 편의점 곳곳을 돌아다니는 연예인의 모습이 송출되기도 했다.

이처럼 많은 사람이 곰표 굿즈를 구하기 위해 몇 시간씩 줄을 서고, 수많은 편의점을 돌아다니는 모습을 보다 보니 번뜩 이런 메시지 키워드가 떠올랐다.

'어쩌면 곰표 굿즈는 단순한 굿즈가 아니라, 사람들을 움직이는 동력 장치가 아닐까?'

굿즈를 단지 굿즈로 바라보면 재미있는 제품에 불과하지만, 동력 장치로 바라보는 순간 무한한 확장성이 생긴다. 브랜드가 굿즈를 통해 사람들을 원하는 대로 움직이게 할 수 있다면, 실로 전지전능한 힘을 가지게 된다. 그렇다면 이 특별한 힘을 어떻게 쓰는 게 가장 효용 가치가 클까 고민해 보자 무척 간단한 답이 나왔다. '이제는 굿즈로 세상을 이롭게 변화시키자.'

그렇게 해서 탄생한 캠페인이 '곰표 플로깅 하우스'다. 이젠

인천 소래산 정상에 설치된 곰표 플로깅 하우스

품절되어 구할 수 없거나, 선망하는 정도가 가장 컸던 곰표의
굿즈들을 한곳에 모아 무료로 나눠 주는 파격적인 게릴라 팝업
스토어를 기획했다. 그 장소는 무려 해발 300미터의 산 정상이
었다. 크리에이티브적 임팩트를 만들기 위해 가장 극단적인 장
소를 택한 것이다. "굿즈를 갖기 위해 이렇게까지 할 수 있어?"

라는 파격적인 질문에서 출발한 이 기획으로 사람들의 승부욕을 이끌어내고 싶었다.

이런 말도 안 되는 장소에 팝업 스토어를 열었다는 것만으로도 충분히 이슈가 될 테고, 사람들이 정말로 굿즈를 얻기 위해 정상까지 올라온다면 그 역시도 큰 이슈가 될 것이라 생각했다.

추가로 정말 세상을 이롭게 할 수 있도록 산 초입에서 사람들에게 곰표의 밀가루 포대를 한 장씩 나눠 줬다. 등산로에 버려진 쓰레기들을 포대에 주워 올라오면 정상에서 쓰레기와 굿즈를 교환하는 방식을 도입한 것이다.

한 시간 넘게 등산을 하며 쓰레기를 주워야 하니 참여하기 힘든 이벤트였지만, 오픈 후 단 몇 시간 만에 사람들이 몰리며 준비해 온 굿즈도, 산속에 버려져 있던 엄청난 양의 쓰레기도 모두 품절되었다.

'교집합 찾기 원리'에 따라 사람들이 열광하는 브랜드 굿즈에 '동력 장치'라는 의미를 부여했기에 가능했던 이색 캠페인이다. 이 동력 장치로 세상을 이롭게 하는 플로깅 하우스 캠페인은 한 번에 그치지 않고 무한한 확장성과 지속성을 갖게 되었다. 이를 증명하듯 이 캠페인은 바로 이듬해 여름 휴가철 해변에서 해양 쓰레기를 품절시키는 캠페인으로 이어졌다.

첫 번째 캠페인이 플로깅 하우스를 해발 300미터 높이에 설치하여 플로깅하게 했다면 두 번째 캠페인은 해변 중앙에 설치해 3킬로미터 이상의 모래사장을 플로깅하도록 설계했다.

어느 시간에는 폭우가 쏟아지고, 또 어느 시간에는 폭염이 닥쳐오는 등 변덕스러운 날씨로 플로깅하기 어려운 환경이었지만 많은 사람이 참여하여 이틀간 약 500킬로그램이 넘는 해양 쓰레기를 수거할 수 있었다.

이뿐만 아니라 플로깅 하우스는 환경을 고려해 조립형으로 제작한 부스로, 산에 설치했던 것을 재사용했다. 쓰레기 포대 또한 곰표 밀가루 포대를 재사용하며 캠페인의 의미를 더했다.

이 캠페인은 대외적으로 큰 이슈가 되기도 했지만, 내부적으로도 비하인드가 참 많았다. 대한제분의 곰표 실무진과 아이디엇은 플로깅 하우스 아이디어를 실행하기 약 1년 전부터 확정했지만, 코로나 시기와 맞물려 미뤄지다 끝내 중단되었다. 아쉬운 마음에 곰표를 다시 찾아가 설득하기 위한 프레젠테이션을 했다. PPT 마지막 장표에 내 얼굴 사진을 크게 띄우고 한 번만 믿어달라는 부탁까지 해서 겨우 진행할 수 있었다.

캠페인 준비 당시에는 환경적 의미를 고려해 진행 스태프마저 최소로 운영했는데, 그러다 보니 아이디엇의 전 직원이 굿즈와 부스 구조물을 등에 짊어지고 산 정상을 몇 번이나 왕복해야 했다. '이집트의 피라미드도 이렇게 지었겠구나' 하는 생각이 들 정도였다. 직원 중 낙오자가 속출했고, 캠페인을 마무리하고 나서는 한동안 모두가 몸살을 앓기도 했다. 광고 인생에서

해변에 설치된 곰표 플로깅 하우스

절대 잊지 못할 만큼 힘든 순간이었다.

그렇게 힘들게 산에서 첫 번째 캠페인을 진행한 후 이제 본격적인 마케팅 홍보를 하려 했다. 콘텐츠와 미디어 예약까지 완료했으나, 브랜드에서 '진정성의 가치'를 고려하자며 다음 해까지 이 캠페인을 두세 번 정도 더 진행한 뒤 오픈하자는 결정을 내려 모든 마케팅이 취소되었다.

결국 곰표와 아이디엇 홈페이지에만 현장 사진을 일부 업로드하고 프로젝트가 마무리되었다. 하지만 좋은 아이디어는 결국 바이럴된다. 두 달쯤 뒤, 한 네티즌이 트위터(현 X)에 캠페인 사진을 공유하며 폭발적으로 바이럴되기 시작했다.

세상에서 가장 부유한 아이스크림, 가능성을 만들다.
Making it potentially the world's richest ice cream.

젊은 층의 아이스크림 수요를
로또에 접목한 복권 회사

솔버타이징은 시대의 유행을 타지 않는 본질적인 마케팅이며, 전 세계 어디에서나 통용되는 만국 공통의 문법이다.

나는 아이디엇을 세계 최고의 크리에이티브 회사로 만들고 싶다. 그래서 솔버타이징이 세계 시장에서도 통용되는지 확인해 보고자 우리와 같은 교집합 찾기 구조를 가진 글로벌 마케팅 사례들을 찾아보았다. 각 원리 구조를 숙지하며 세계 최고 광고들의 비결을 전부 습득해 보자. 첫 번째 사례는 캐나다의 복권 게임인 로또 맥스Lotto Max의 '드림 바DREAM BARS 캠페인'이다.

누구나 한 번쯤 로또를 구매해 봤을 것이다. 하지만 당첨이라는 부푼 꿈도 잠시, 맞지 않는 숫자를 확인하는 경험이 반복되면 불가능에 가까운 당첨 확률을 깨닫고 점차 로또 구매를 멀리하게 된다.

캐나다의 온타리오주에서도 젊은 세대의 로또 구매율이 대폭 하락했다. 불확실한 희망으로 로또를 구매하기보다는 단기적으로 확실한 행복을 주는 것들에 투자하려는 소비 성향이 커졌기 때문이다. 그래서 로또 맥스에서는 이 젊은 세대가 열광하는 소재를 먼저 찾은 뒤 로또와 연결하는 교집합 찾기 원리를 적용한 캠페인을 진행했다.

[소비자 니즈] 아이스크림
[브랜드 연관성] 로또
[브랜드 메시지] 백만장자의 삶을 간접 체험

로또 맥스가 찾은 소재는 젊은 세대가 열광하는 '아이스크림'이었다. 작지만 확실한 행복을 추구하는 이들은 이를 빠르게 충족시키는 음식을 많이 소비했다. 이 중에서도 가장 저렴한 비용으로 즉각적인 행복도를 높여주는 것이 바로 달콤한 아이스크림이었다. 이 현상을 주의 깊게 살펴본 로또 맥스는 '드림 바'라는 아이스크림을 출시했다. 아이스크림에 복권을 결합한 드림 바는 허영심을 자극하는 명품 패션 브랜드의 디자인을 접목해 소비 순간의 만족감을 극대화했다. 백만장자의 삶을 간접적으로 체험해 보라는 브랜드의 메시지를 담은 것이었다.

물론 여기에서 끝나지 않는다. 아이스크림을 다 먹고 나면 막대기에 인쇄된 일곱 개의 복권 번호를 만날 수 있다. 행운의 번호를 손에 쥐여주며 자연스럽게 복권 구매를 촉진시켰다.

이 캠페인으로 캐나다 젊은 세대의 복권 구매율은 91% 넘게 상승했다. 전체 복권 구매율도 126%나 증가했다. 드림 바의 판매금은 모두 사회에 기부되었고, 기부 금액도 36%나 증가했다.

드림 바 캠페인은 단순히 허영심만을 자극한 것이 아니다. 직접적인 복권 판매율을 높인 성공적인 교집합 찾기 사례다.

카프리선의 무선 어린이 노이즈 캔슬링 기술

Wireless Kid-Noise Canceling
Technology from Capri Sun

평범한 음료에
새로운 가치를 부여하는 법

   드림 바와 같은 사례는 미국에서도 찾아볼 수 있다. 최근 건강 관리를 중요하게 여기는 소비자가 늘어나며 제로 슈거, 제로 칼로리 등 제로 음료가 시장에 폭발적으로 쏟아져 나오고 있다. 이 흐름 속에서 자녀를 둔 부모에게 과당 음료인 '카프리선'을 구매하라고 하면 어떨까? 아마 대부분의 부모는 건강 등의 이유를 대며 달가워하지 않을 것이다. 이러한 시대적 위기의 순간을 맞은 카프리선은 부모들에게 새로운 메시지를 건넸다.

   "시끄러운 아이들에게 카프리선을 주세요."

   무슨 메시지일까? 카프리선에서 진행한 '어린이 노이즈 캔슬링KID NOISE CANCELING 캠페인'에 그 답이 있다.

   '노이즈 캔슬링'은 최신 이어폰, 헤드폰 등에 적용되는 소음 차단 기술로 문명 발전의 축복이라는 찬사를 받고 있다. 이런 최신 기술의 집약체인 노이즈 캔슬링이 음료 브랜드 카프리선과 무슨 상관이 있을까?

   카프리선이라는 음료의 구조를 생각하면 이해할 수 있다. 파우치에 담긴 음료인 카프리선은 벌컥벌컥 마실 수 없다. 반드시 작고 긴 빨대를 이용해야 하는데, 아이들이 이 음료를 다 마실 때까지 걸리는 시간이 평균 50초라고 한다. 따라서 아이들이 음료를 마시는 동안은 부모도 시끄러운 아이들로부터 해방될 수 있다는 것이다.

카프리선은 이 점을 '노이즈 캔슬링'이라 칭하며 마트의 음료 코너가 아닌 전자 제품 판매점에 진열했고, 이를 본 사람들은 재치 있는 방식으로 브랜드를 어필한 카프리선에 찬사를 보냈다.

이 캠페인이 놀라운 이유는 하나다. 단순히 "아이들에게 음료를 사주라"라고 이야기하지 않았다. 구매자인 부모 입장에서 그들이 겪는 고충과 니즈를 간파했다. 그리고 교집합이 되는 제품의 새로운 역할을 찾았다. 화룡점정으로 '노이즈 캔슬링'이라는 직설적인 메시지와 컨셉을 연결했다.

[소비자 니즈] 아이들의 소음으로부터 해방
[브랜드 연관성] 카프리선을 마시는 데 걸리는 시간 50초
[브랜드 메시지] 노이즈 캔슬링

이 캠페인은 페이스북, 인스타그램, 틱톡 등 소셜미디어에서 부모들의 열렬한 지지를 받으며 이슈가 되었다. 또한 온라인 출시 후 매진까지 단 90초라는 대기록을 보여주기도 했다.

카프리선의 노이즈 캔슬링 패키지 광고 영상

당신의 코드로 임팩트를 만드세요.

MAAK IMPACT MET JE CODE.

게임으로 인재를 채용한
철도 회사 이야기

최근 전 세계 구직 시장에서 가장 관심을 많이 받는 곳은 단연 IT 업계다. 상황이 이렇다 보니 자연스럽게 3차 산업에 대한 관심은 점점 하락하는 추세다. 네덜란드 최대의 여객 철도 운송 회사인 'NS' 또한 구인 문제로 골머리를 앓고 있었다. 그리고 젊은 세대에게 회사를 어필할 수 있는 방법은 무엇일까 고민하다가 해결책을 하나 찾아냈다. 바로 '게임'이었다.

팬데믹 이후 집에 머무는 시간이 증가하며 게임 이용률이 비약적으로 상승했다. NS는 이 현상에 주목했고, 젊은 세대가 열광하는 게임이라는 소재를 통해 회사를 홍보하기로 했다. 철도 회사를 운영하는 아케이드 게임 〈테크 트랙^{Tech Tracks}〉을 개발한 것이다.

지하철 역사 곳곳에 게임기가 설치되었다. 사람들이 기차나 지인을 기다릴 때 플레이할 수 있도록 만든 것이다. 사람들은 테크 트랙으로 철로를 깔고, 고객 문의를 처리하고, 다양한 교통 문제를 해결하는 과정을 경험해 볼 수 있었다.

경험을 제공하는 데만 그치지 않았다. 게임을 클리어하고 나면 점수와 개인 정보가 NS 인사팀에 전송되어, 이를 통해 채용의 기회를 제공하기도 했다.

[소비자 니즈] 게임
[브랜드 연관성] 철도 회사 운영
[브랜드 메시지] 채용 공고

〈테크 트랙〉은 모바일과 온라인 버전으로도 출시되어 다양한 사람의 참여를 이끌어냈고, 온· 오프라인 모두에서 수많은 이에게 회자되었다. 무엇보다 NS는 테크 트랙 캠페인으로 기존 목표치를 200% 상회하는 채용을 했다고 한다.

NS에서 공개한 〈테크 트랙〉 광고 영상

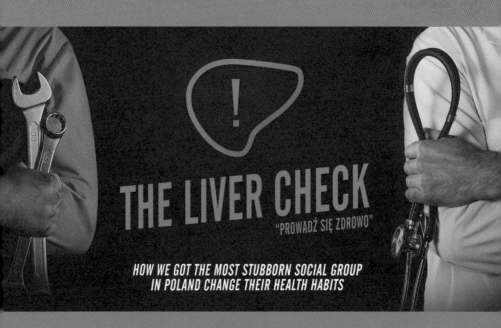

THE LIVER CHECK
"PROWADŹ SIĘ ZDROWO"

HOW WE GOT THE MOST STUBBORN SOCIAL GROUP IN POLAND CHANGE THEIR HEALTH HABITS

우리는 폴란드에서 가장 고집 센 집단의
건강 관리 습관을 바꿨습니다.

We made the most stubborn social group in poland
change their health habits.

"자동차 검사하는 김에
간도 검사하세요!"

폴란드에서는 남성의 평균 수명이 여성에 비해 8년가량 짧다고 한다. 그 원인 중 50% 이상을 차지하는 것이 간질환이었다. 간은 통증이나 외적인 증상이 없기 때문에 정기적인 검진을 필요로 하지만, 실제로는 간 검사를 받는 남성이 현저히 적은 상황이었다. 이 때문에 의료 제품 회사인 사노피SANOFI는 폴란드 남성들이 제때 간 검사를 받을 수 있는 해결 방안을 마련했다.

사노피는 먼저 폴란드 남성이 가장 열광하는 소재를 찾았는데, 바로 자동차였다. 이들은 건강검진은 정기적으로 받지 않지만 자동차만큼은 꾸준히 관리해 주었다. 그래서 사노피는 자동차 검사소와 협업하여 캠페인을 진행했다. 자동차 검사소에 방문한 남성들이 간 검사를 함께 받을 수 있게끔 한 것이다. 또한 우리 몸을 자동차에 비유하여 신체를 좋은 상태로 유지하는 것이 얼마나 중요한 일인지 설명해 주었다.

[소비자 니즈] 자동차 정기 검사
[브랜드 연관성] 간 검사
[브랜드 메시지] 정기적 검진의 중요성

SOLVERTISING

이 캠페인을 통해 2022년부터 현재까지 6만 5000건 이상의 간 검사가 실시되었다. 간 관리의 중요성에 대한 인식도 318%나 높아졌다. 이처럼 사람들이 열광하는 소재와 브랜드 사이의 교집합을 찾을 수 있다면 비약적인 성과를 만드는 마케팅, 즉 솔버타이징을 해낼 수 있다.

케이플스 어워드 (Caples Awards) 에 소개된 간 검사 캠페인

MARKETING SHEET

솔버타이징은 결국 브랜드 연관성, 소비자 니즈, 브랜드 메시지 세 가

지 요소의 교집합을 찾는 과정이다. 더 디테일하게 들어가기 전에 먼

저 다음 질문에 답하며 교집합을 찾는 기초 훈련을 선행해 보자.

1. 소비자의 니즈에 부합하는 소재를 나열해 보자.

:

2. 마케팅을 하려는 브랜드와 연관성 있는 소재를 나열해 보자.

:

3. 브랜드가 전달하고 싶은 메시지를 나열해 보자.

:

4. 1번부터 3번까지 질문의 답에서 교집합을 찾아보자. 브랜드 연관성, 소비자 니즈, 브랜드 메시지를 연결할 수 있는 소재를 찾는 것이다.

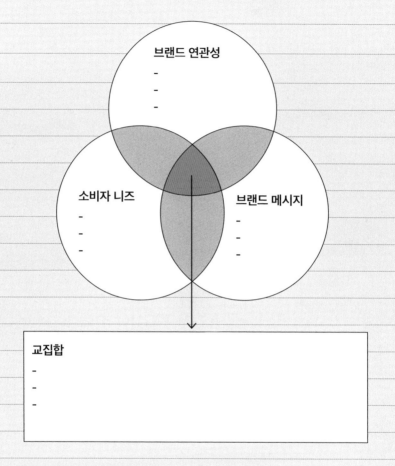

교집합
-
-
-

5. 이 소재로 구체화할 수 있는 아이디어를 써보자.

:

SOLVERTISING 2단계
'문제 찾기'

소비자의 구매·사용 여정
6단계를 살펴라

SOLUTION

×

ADVERTISING

SOLVERTISING

> 좋은 솔루션은 좋은 문제 정의에서 시작한다. 하지만 자세하게 들여다보지 않으면 좋은 문제를 발견할 수 없다. 이번 장에서는 소비자가 제품이나 서비스를 구매하고 사용하는 일련의 과정에서 마주치는 새로운 문제를 발견하는 방법에 대해 알아본다.

창업 초기와 지금의 나를 비교하면 주변 환경부터 역할까지 정말 많은 것이 바뀌었다. 하지만 여전히 가장 큰 고민은 '어떻게 하면 더 좋은 광고를 만들 수 있을까?'다. 예전에는 막연하게 좋은 광고를 만들고 싶은 의지가 있었다면, 연차와 역할이 커진 지금은 좋은 광고란 무엇인지 나름의 정의와 방법을 고민해 보게 되었다. 먼저 '좋은 광고란 무엇인가'에 대한 내 정의는 다음과 같다.

세상에 없던 기발한 아이디어, 즉 새로움도 분명 중요한 요소다. 하지만 광고는 결국 비즈니스 산업이고 크리에이티브는 클라이언트의 목적 달성을 위한 수단에 불과하다. 비록 아이디어의 신선함은 떨어지더라도 클라이언트의 목적을 더 잘 달성할 수 있다면 보다 좋은 광고인 것이다. 이러한 전제라면 클라이언트가 가진 목적이 얼마나 중요했는지를 기준으로 아이디어의 가치를 평가하고 좋은 광고의 우열을 가릴 수 있다.

좋은 광고란 브랜드를 생존의 위기에서 구하는 것

그런데 목적의 중요성은 어떻게 우열을 가릴 수 있을까? 물론 모든 광고가 중요한 목적을 가졌지만, 확실한 건 브랜드를 생존 위기에서 구해내는 일만큼 어렵고도 중요한 미션은 없다는 것이다.

브랜드의 생존에 더 가까울수록 아이디어의 가치는 커진다. 그래서 나는 '가장 좋은 광고란 브랜드의 생존 위기에 해결책을 제시하는 광고'라는 나만의 정의를 내렸다.

이렇게 생각을 정리하고 보니, 부끄럽지만 지금껏 해왔던 작업들이 브랜드 생존과 직결되는 캠페인은 아닌 경우가 많았다. 처음에는 재능 기부로 공익적인 마케팅을 하다가 점차 인지도 있는 브랜드의 작은 프로젝트들을 담당하게 되었다. 그 기회를 잘 잡다 보니 현대자동차, KB국민카드 등 국내의 대기업과 작업할 수 있는 기회 또한 생겼다. 이후부터는 본격적으로 우리가 얼마나 영향력 있는 회사인지 증명하기 위해 계속해서 대기업 중심의 광고를 진행해 왔던 것이다.

대표적으로 아이디엇이 가장 많은 프로젝트를 함께한 현대 자동차는 연 매출 100조 원 규모의 공룡 기업이다. 이미 엄청난 역사를 가지고 있는 기업이기에 우리의 크리에이티브가 생존에 크게 영향을 미치지는 않았다.

위대한 광고, 더 좋은 광고를 만들려면 브랜드의 생존에 기여할 수 있어야 했다. 그래서 우리가 앞으로 함께해야 하는 클라이언트는 되도록 아래 기준에 부합했으면 한다는 기준을 만들었다.

1. 연 매출 1조~5조 원 규모의 클라이언트
2. 대기업이라면 새롭게 론칭한 브랜드
3. 좋은 아이덴티티를 가진 스타트업

이 중에서도 특히 스타트업의 광고는 한 번도 제대로 해본 적이 없었다.

어린 나이에 창업을 한 나는 늘 수많은 콤플렉스에 둘러싸여 왔다. 처음엔 내가 어려서 비즈니스를 잘할 수 있을지 의구심을 품는 사람들과 마주했고, 저예산 공익광고만 잘한다거나 광고제를 타기팅한 광고를 한다거나 하는 기성 광고인들의 평가절하에 지겹도록 시달렸다.

그럴 때마다 그들의 고정관념을 깨는 방법은 하나였다. 그들의 사고 수준을 뛰어넘는 성과를 내는 것. 쉽게 말해 더 큰 브랜드를 수주하거나 훨씬 권위 있는 광고제를 통해 크리에이티브를 입증하는 것이다. 그래서 더더욱 이름이 잘 알려지지 않은 스타트업의 광고를 할 이유가 없었던 것이다.

하지만 이제는 충분히 할 수 있었다. 더 이상 클라이언트의 규모가 중요하지 않은 상황이었다. 당시 우리에게 가장 중요한 것은 아이디엇의 크리에이티브로 기업의 생존과 직결되는 비즈니스 임팩트를 만들어내는 것이라고 생각했다. 이것이야말로 우리가 해온 것 이상의 '좋은 광고'를 만들 수 있는 방법이라고 말이다.

그래서 창립 이래 처음으로 스타트업의 캠페인을 진행하기로 하고, 한 클라이언트와 만났다. 첫 만남부터 이전의 경험과는 사뭇 달랐는데, 이전까지는 내가 아이디엇이라는 회사와 커리어를 소개하며 어필하고 신뢰감을 끌어냈다면 이번에는 반대였다. 오히려 스타트업의 CMO가 직접 자사의 스토리와 비즈니스 현황, 비전 등을 설명하며 아이디엇에 어필하는 자리가 되었는데, 그 진정성과 열기에 감명받지 않을 수 없었다. 그리고 뜨거운 사명감으로 프로젝트에 임하게 되었다.

이렇게 해서 탄생한 것이 바로 스타트업 '플러그링크'의 '출차 알림 시계 캠페인'이다.

내일 아침 9시까지는 제 앞에 마음껏 이중 주차 하세요!

충전기 설치 반대의 이유,
이중 주차 문제 해결하기

전기차가 우후죽순으로 늘어나며 전기차 충전기 수요 또한 급증했다. 플러그링크는 아파트 단지 내 전기차 충전기를 설치·운영하는 스타트업이다. 론칭 초기에는 무료로 충전기를 설치해 주고 요금을 가장 저렴하게 책정하는 등 파격적인 혜택을 제공하는 프로모션으로 빠르게 인지도를 높이며 성장했다.

그러나 이러한 이성적 혜택을 어필하는 전략은 시장이 점차 포화되며 경쟁 업체 간의 출혈 경쟁으로 이어졌다. 여기에 막강한 자본을 지닌 대기업들까지 뛰어들기 시작하면서, 누가 더 오래 버틸 수 있는지를 겨루는 '숨 참기 싸움'이 전개되고 있었다.

시장에 압도적인 기술력을 가진 기업이 없어 아파트 내에 전기차 충전기를 도입할 때는 설치 가격과 운영·관리 가격이 절대적인 선택 기준이 되었다. 그러다 보니 모두가 제 살 깎아 먹기 식으로 혜택 경쟁을 지속하고 있었던 것이다.

그런데 이처럼 가격 같은 이성적 혜택이 중요한 시장에서 별다른 우위를 점할 수 없을 때는 어떻게 해야 할까? 역설적이지만 그럴수록 브랜딩이 절실하다. 가격을 뛰어넘는 브랜드 가치를 어떻게든 만들어야 하는 것이다. 그러지 않으면 더 저렴하고 많은 혜택을 제공하는 업체가 등장할 때마다 똑같은 상황에 처하게 된다. 플러그링크에는 시장에서 쉽게 대체되지 않는 브랜드로 자리 잡을 수 있도록 '지지하는 고객'이 필요했다.

이럴 때 선택할 수 있는 전략이 바로 고객의 구매·사용 여정에서 새로운 문제를 찾아 해결하는 것이다. 단순히 기능 싸움을 하는 것처럼 보이는 시장도 한걸음 뒤에서 고객이 제품과 서비스를 구매하고 사용하는 여정을 폭넓게 살펴보면 보이지 않았던 문제와 기회 요소를 찾을 수 있다.

여정 속에서 발생할 수 있는 고객의 고충을 제대로 파악하고, 브랜드가 앞장서서 해결해 준다면 충성 고객을 확보하고 즉각적인 매출 상승까지 이뤄낼 수 있는 것이다.

'구매 여정'은 크게 세 단계로 나뉜다. 소비자가 제품이 왜 필요한지 인지하고 파악하는 '필요성 인지 단계'와 소비자가 다양한 제품의 옵션을 비교하고 고려하는 '고려 단계' 그리고 결정을 내리고 제품을 구매하는 단계인 '구매 단계'다.

'사용 여정' 또한 세 단계로 구성되어 있는데, 소비자가 제품 및 서비스를 사용하면서 성능과 기능에 대한 경험을 쌓는 '사용 단계'와 사용 후 평가를 하고 피드백을 제공하는 '평가 및 피드백 단계' 그리고 재구매를 할지 다른 대체품을 찾을지 결정하는 '재구매 또는 교체 단계'다.

아파트에 전기차 충전기를 도입한다고 가정했을 때, 브랜드를 결정하는 순간에만 집중하면 기능과 혜택을 비교하여 선택

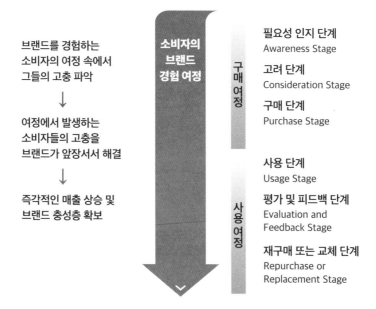

소비자의 브랜드 경험 여정(구매·사용 여정)

브랜드를 경험하는
소비자의 여정 속에서
그들의 고충 파악

↓

여정에서 발생하는
소비자들의 고충을
브랜드가 앞장서서 해결

↓

즉각적인 매출 상승 및
브랜드 충성층 확보

소비자의
브랜드
경험 여정

구매
여정

필요성 인지 단계
Awareness Stage

고려 단계
Consideration Stage

구매 단계
Purchase Stage

사용
여정

사용 단계
Usage Stage

평가 및 피드백 단계
Evaluation and
Feedback Stage

재구매 또는 교체 단계
Repurchase or
Replacement Stage

하는 게 맞다. 하지만 아파트 입주민들이 이 충전기를 설치하고 이용하기까지의 과정을 가능한 한 자세하게 살펴보면 어떨까?

다음은 우리가 플러그링크를 사용하는 아파트 입주민의 구매·사용 여정을 탐색한 것이다.

1. 필요성 인지 단계: A는 전기차를 구매하고 싶어 한다. 그런데 A의 아파트에는 충전기가 없거나 부족하다. A가 아파트에 충전기를 확충하자는 건의를 한다. 입주민 회의가 열린다. 서로

의 의견을 취합하여 필요성 유무에 대한 수요를 확인한다.

　* 새로운 공략 기회 발견

　입주민들 사이의 논의에서 반드시 전기차 충전기 설치가 필요하다는 결론이 나와야 한다. 만약 반대에 부딪힌다면 반대 이유를 캠페인의 문제로 정의한다. 그리고 이 문제를 브랜드가 앞장서서 해소해 나가는 캠페인을 한다.

　2. 고려 단계: 필요성이 확인되었다면 어느 브랜드가 가장 좋은 성능과 혜택을 제시하는지 비교하며 고려한다.

　3. 구매 단계: 결정을 내리고 실질적으로 구매·설치한다.

　4. 사용 단계: 입주민들이 전기차 충전기를 본격적으로 사용하며 운영한다.

　5. 평가 및 피드백 단계: 제품의 충전 속도, 가격 효율성에 대해 평가한다. 공동의 이용자가 원활하게 이용할 수 있는지 사용 질서와 운영 면의 의견을 취합한다.

　* 새로운 공략 기회 발견

　기능적 평가 외에 공동의 이용자 간 운영 과정상 갈등이나 불편 요소는 없는지 파악 후, 불편 요소가 있다면 캠페인의 문제로 정의한다. 이 문제를 브랜드가 앞장서서 해소해 나가는 캠페인을 한다.

　6. 재구매 또는 교체 단계: 회의를 통해 입주민들의 사용 후 평가를 취합한다. 이에 따라 해당 브랜드 제품 사용을 유지·확충·교체한다.

이 프로세스를 통해 필요성 인지 단계와 평가 및 피드백 단계에서 새로운 공략의 실마리를 찾을 수 있었다. 그중 필요성 인지 단계에서 아파트 입주민들이 생각지도 못한 이유로 전기차 충전기 설치를 반대하고 있다는 사실을 알게 되었다. 바로 아파트 내에 주차 공간이 부족하다는 이유였다.

대한민국 아파트의 주차 공간 수는 평균적으로 입주 세대의 1.2배다. 그러나 가구별 차량 보유 수는 2.5대다. 입주민에게 할당된 공간에 비해 2배 이상 많은 자동차를 보유하고 있는 탓에 주차 공간이 턱없이 부족했다. 그러다 보니 주차를 하려면 자리를 찾아 주차장을 몇 바퀴나 빙빙 돌아야 했다. 그러고도 자리를 찾지 못해 이중 주차, 삼중 주차를 하는 일이 예사였다.

외출 좀 하려고 하면 늘 내 차 앞에 다른 차가 세워져 있는 상황에서 차를 빼달라고 전화를 걸면 받지 않거나 한참 뒤에 내려와 실랑이를 벌이는 일이 비일비재했다. 간혹 전화를 받고 바로 내려온다고 해도, 무더운 여름이나 추운 겨울에는 차를 빼는 일분일초가 고통스러운 기다림의 시간이었다. 반대로 이중 주차를 한 사람도 언제 전화가 올지 모르니 집에서도 종일 불안감에 시달리고, 자던 중 새벽에도 전화를 받고 뛰어나와 급히 차를 빼줘야 하니 고통스럽기는 매한가지였다.

이처럼 주차장 공간이 부족해 모든 사람이 갈등을 겪는 외중에 소수의 전기차 차주들을 위해 전용 기기와 공간을 확충하자고 하니, 압도적 다수의 반대에 부딪히게 되었다. 우리는 플러그링크라는 브랜드가 성장하기 위해서는 아파트 입주민이 겪는 주차장의 물리적 공간 부족 문제와 극심한 이중 주차 갈등을 먼저 해결해야 한다고 생각했다. 이를 앞장서서 해결한다면 전기차 충전소 설치에 반대하는 여론을 해소할 수 있을뿐더러 브랜드에 대한 긍정적 지지 여론을 형성할 수 있으리라고 판단했다.

해결이 불가능해 보이는 이 문제를 어떻게 풀어야 할까? 솔루션은 의외로 간단했다. 더 많은 이중 주차를 하게 만드는 것이었다.

우선 나는 이중 주차로 갈등하는 사람들을 가해자와 피해자로 나누지 않아야 한다고 생각했다. 사실 이들은 한정된 공간을 나눠 써야 하는 공동의 피해자다. 그러니 더 이상 싸우지 않도록 이들 사이에 작은 질서와 배려의 문화를 제시한다면 의외로 문제가 쉽게 해결되지 않을까?

만약 내가 먼저 주차하는 경우, 내 차 앞에 이중 주차를 해야 하는 다음 이웃을 배려해 내가 몇 시쯤 출차 예정인지 미리 알려줄 수 있다면 상황은 180도 달라진다. 이후 주차하는 이웃은 본인의 출차 시간을 계산해 자신보다 더 늦게 출차하는 차 앞에 안전하게 주차하면 된다. 그러면 불필요한 전화와 불안에 시달리지 않을 수 있다. 또한 출차 시간이라는 작은 정보를 공유함으로써 주차장의 공간 효율을 높여 물리적으로 더 많은 주차가 가능해진다.

이러한 생각 끝에 이웃 간의 작은 배려로 주차장 공간 부족 문제와 이중 주차 갈등 문제를 해결할 수 있는 아이템, '출차 알림 시계'를 만들게 되었다.

우리는 출차 알림 시계를 서울의 한 아파트 단지에 보급했는데, 보급 이후 출차 때문에 전화하는 빈도가 80% 이상 감소했다. 2000개의 출차 알림 시계로 매일 축구장 네 배만큼의 실질적인 공간 창출 효과를 만들어내기도 했다.

온라인에 소개된 이 캠페인은 주차 공간이 부족해 고충을 겪는 아파트들의 입주민 커뮤니티부터 자동차 동호회 및 전기차 카페들에 도배되기 시작했다. 저마다 도입을 희망한다는 글과 응원의 글을 올리며 뜨겁게 의견을 쏟아냈다.

캠페인을 공개한 지 얼마 되지 않아 서울시의 한 국회의원에게도 전화가 걸려 왔다. 주차장 한 칸을 증설하는 데 필요한 행정 비용만 최소 400만 원 이상인데, 출차 알림 시계로 매우 쉽게 해결한 것이 놀랍다며 본격적인 공공 정책으로 추진하고 싶다는 연락이었다. 아이디어로 세상을 바꾼다는 말을 실감하는 순간이었다.

이러한 반응에 힘입어 플러그링크의 브랜드 검색량은 690%, 브랜드 인지도는 60% 상승했다. 무엇보다 가장 중요한 전기차 충전기 도입 수가 무려 5.6배나 폭증했다. 시장의 근본적인 문제를 해소하면서 동시에 브랜드에 대한 지지를 얻었기에 가능한 일이었다.

플러그링크의 출차 알림 시계 광고 영상

우리에게도 이 캠페인은 고무적이었다. 우리의 크리에이티브로 브랜드의 즉각적인 성장을 체감하게 되었으니 희열을 느낄 수밖에 없었다. 스타트업과 함께 프로젝트를 시작한 일의 의의를 이룬 것 같아 진심으로 기뻤다.

이 캠페인 역시 광고 업계에서 큰 이슈가 되며 수상의 영광을 얻었다. 소비자가 선택한 좋은 광고상, 부산 국제 광고제를 시작으로 세계 3대 광고제 중 하나인 뉴욕 페스티벌과 아시아 태평양 지역 최대 광고제인 애드페스트, 스파이크스 아시아 등을 모두 석권하며 전 세계적인 공감과 인정을 받은 것이다.

다음은 시트는 출차 알림 시계 캠페인을 진행하며 내가 작성한 마케팅 시트의 일부분이다. 소비자의 구매와 사용 여정을 그리기 위해 어떤 질문을 던졌는지 살펴보고, 다음 사례로 넘어가도록 하자.

※ 예시를 위해 '출차 알림 시계' 제작 당시 작성한 시트의 일부분을
발췌했다.

필요성 인지 단계 탐색하기

**1. 소비자가 제품 및 서비스의 필요성을 느끼는 사회적 배경은 무엇
인가?**

시대의 흐름에 따른 전기차 트렌드 형성.

(각종 환경 이슈, 미래 기술의 발전, 고유가 지속)

2. 소비자가 제품 및 서비스가 필요하다고 느끼는 이유는 무엇인가?

전기차 구매 고려자의 경우, 주거 환경 내 충전 인프라 필요.

기존 전기차 사용자의 경우, 충전 시설 부족으로 발생하는 이웃간 선점 경쟁의 고충.

3. 소비자는 제품 및 서비스가 필요하지만 왜 구매하지 못하는가?

아파트 내에 주차 공간 부족 문제.

내연 기관 차량을 이용하는 압도적 다수에 의해 설치 및 확충 반대 여론 형성.

귀찮음 한 그릇 덜어드립니다.

라면 냄비 설거지도 힘든 현대인을 위한 초고압 세척기

우리가 삼양라면과 함께한 캠페인도 라면의 맛이나 영양, 가격 등의 장점을 내세우기보다는 한 걸음 뒤에서 라면이 소비되는 사회의 문맥을 들여다보고 소비자의 구매·사용 여정에서의 문제를 발견, 실질적 솔루션을 제시한 캠페인이다.

삼양라면과의 프로젝트에서 가장 먼저 한 일은 통계를 찾아본 것이다. 통계를 통해 대한민국이 OECD 국가 중 평균 근로 시간이 가장 길고, 사람들이 식사로 라면을 선택하는 이유 중 70% 이상이 '밥 대신 간단하게 식사를 해결하기 위해서'라는 사실을 알게 되었다. 쉽게 말해 지치고 피곤한 현대인이 한 끼 때우기 위해 라면을 찾는다는 것이다. 나도 크게 공감했다. 회사를 운영하다 보면 매일 높은 강도의 업무와 야근에 시달리는데, 퇴근 후에는 체력이 완전히 방전된다. 거의 매일 소파에 그대로 쓰러져 한참을 누워 있다 겨우 일어나곤 한다.

저녁 시간 때는 놓치고, 그렇다고 굶을 수는 없는데 모든 게 귀찮다. 이렇게 지친 상태에서 앞치마를 두르고 한 상 가득 저녁을 차려 먹는다? 도저히 엄두가 나지 않는 일이다. 그러다 보니 간단히 끼니를 때우려 라면을 정말 많이 먹었다.

냄비에 물을 넣고 끓이다 면과 수프를 넣은 뒤 4분만 기다리면 끝! 그런데 이 간단한 과정에서 어떤 문제점을 찾아 해결할 수 있을까? 우리는 일단 구매·사용 여정 탐색 프로세스에 라면을 구매하고 먹는 과정을 대입해 보았다.

1. 필요성 인지 단계: 피곤할 때 간단히 끼니를 해결하기 위해 라면의 필요성을 인지한다.

2. 고려 단계: 맛, 가격 등 취향에 따라 여러 라면 브랜드를 고려한다.

3. 구매 단계: 가까운 마트나 편의점, 인터넷 쇼핑몰을 통해 선택한 라면을 구매한다.

4. 사용 단계: 간편히 먹고 싶을 때 라면을 조리해 섭취한다.

5. 평가 및 피드백 단계: 먹을 때 간편하고 좋으나 이후 설거지에 대한 귀찮음과 부담감을 인지한다. 간편함을 위해 라면을 선택했던 만큼, 설거지는 전혀 간편하지 않다고 평가한다. 설거지를 한없이 미루거나 귀찮음을 견디고 설거지를 하며 심리적 네거티브가 발생한다.

6. 재구매 및 교체 단계: 라면보다 더 뒤처리가 쉬운 간편식이나 배달을 선택한다.

* 새로운 공략 기회 발견
사용 여정 전반에서 라면을 다 먹은 뒤 뒤처리에 대한 부담감, 귀찮음을 공통적으로 느낀다.

이 과정에서 '사용 단계' '평가 및 피드백 단계' '재구매 및 교체 단계', 즉 소비자의 사용 여정에서 반복적으로 발생하는 문제를 발견했다. 바로 '설거지'였다.

바쁘고 지친 사람들에게 라면을 끓여 먹는 과정은 아주 간단해 보인다. 그런데 생각해 보니 이 과정은 단순히 먹는 데서 끝나는 것이 아니었다. 다 먹고 나면 반드시 냄비를 설거지해야 하기 때문이다. 피곤해도 배는 고프니 어떻게든 끓여 먹는데, 허기가 물러나고 나면 더 이상 아무 일도 하고 싶지 않을 것이다. 고작 작은 냄비 하나라지만 간편하게 먹고자 라면을 찾았던 만큼 설거지는 평소보다 몇 배나 귀찮게 느껴진다.

이 귀찮음은 들여다볼수록 우습게 볼 문제가 아니었다. 손가락 몇 번 까딱하면 더 쉽게 음식을 제공받을 수 있는 배달 앱, 전자레인지로 간단히 데워 먹고 그대로 버리면 되는 가정 간편식Home Meal Replacement, HMR 시장이 폭발적으로 성장하며 이제는 라면의 입지를 위협하고 있었다. 간편해서 사랑받던 라면이 더 이상 간편하지 않아 외면당하고 있는 아이러니한 상황이었다.

이 상황에서 국물 라면 업계 시장 점유율 1위도, 2위도 아닌 삼양라면이 여전히 맛과 성분, 가격 등을 내세우며 여러 라면 브랜드 사이에서 경쟁하는 게 과연 맞는 일일까? 오랜 취향이 형성된 라면 업계에서 그런 방식으로 어느 날 갑자기 1위 자리를 탈환하기란 사실상 불가능에 가까울 것이다. 설령 1위를 차지한들 시장이 점차 작아지면 무슨 의미가 있단 말인가.

하지만 산업의 맥락과 소비자의 사용 여정을 폭넓게 살펴본다면 라면을 선택하는 사람들의 일상 경험 그 자체를 혁신할 수 있다. 이를 통해 소비자의 지친 일상을 유일하게 공감하는 브랜드가 된다면, 그 고충을 앞장서서 해결해 준다면 브랜드에 대한 강력한 지지 여론을 형성할 수도 있다.

그래서 우리는 설거지 문제를 해결할 수 있도록, 더 나아가 지치고 힘든 현대인에게 위로가 될 수 있도록 손에 물 한 방울 묻히지 않아도 쉽게 설거지를 할 수 있는 아이템인 '삼양라면 초고압 세척기'를 만들었다.

삼양라면 초고압 세척기는 카페나 음식점에서 흔히 사용하는 고압 컵 세척기를 개량해서 만든 세계 최초의 라면 냄비 전용 세척기다. 기존 컵 세척기의 직경을 대폭 넓혀 물이 닿지 않는 사각지대를 없애고, 수압을 극도로 높일 수 있는 풀콘 노즐을 사용하여 기름 자국이 쉽게 세척되도록 했다.

초고압 세척기는 캠페인 론칭 이후 엄청난 대중 공감 반응을 이끌어냈다. 특히 라면 냄비 설거지가 얼마나 귀찮은 일인지 공감하는 소비자들의 열띤 지지 덕분에 며칠 만에 각종 SNS와 온라인 커뮤니티가 초고압 세척기로 도배되었다. 자발적 노출 효과를 비용으로 환산해 보니, 최소 23억 원 이상의 언드미디어 효과를 창출했음을 확인할 수 있었다.

초고압 세척기를 신청하는 페이지에는 2주 만
에 14만 명이 몰렸다. 이뿐만 아니라 초고압 세척
기를 사용한 사람들을 대상으로 자체 설문 조사
를 진행한 결과, 라면을 선택할 때 뒤처리에 대한
부담감이 줄었다는 답변이 94%에 이르렀다. 간

김창옥 교수와 함
께한 삼양라면 초
고압 세척기 광고
영상

편식 선택지 중에서 라면을 택하겠다는 답변도 30% 증가했고,
가장 중요한 판매량은 직전 분기 대비 총 100만 개가 증가하면
서 성공적인 캠페인으로 마무리되었다.

　나로서는 브랜드의 비즈니스 임팩트와 세상에 없던 아이디
어를 내놓는 크리에이티브 임팩트를 동시에 충족하는 광고를
만든 것에 긍지를 느낀 순간이었다.

the airbnb
for plugs

전기차 충전 인프라를
앱 하나로 구축하는 방법

해외 전기차 시장에도 플러그링크의 출차 알림 시계 캠페인과 비슷한 사례가 있다. 전기차 충전 브랜드는 아니지만, 프랑스 자동차 브랜드인 르노에서 진행한 캠페인이다.

프랑스에는 현재 100만 대 이상의 전기차가 공급되었다. 그러나 프랑스도 우리나라와 마찬가지로 전기차 충전 인프라가 전기차 공급량을 따라가지 못하는 상황이다. 충전소는 주요 도심부를 중심으로 8만여 개가 존재했지만, 외곽 도시나 지방은 충전 인프라가 부족해 장거리 운전자들에게는 늘 충전에 대한 부담감이 있었다. 이 부담감은 전기차 판매량이 감소되는 결과를 초래할 터였다.

르노를 구매하는 소비자들의 구매·사용 여정에 대입해 보면 다음과 같다.

1. 필요성 인지 단계: 환경 이슈 및 디젤 차량 규제로 전기차의 필요성은 인지했지만 인프라 문제가 있어 구매를 망설인다.

2. 고려 단계: 여러 브랜드의 전기차를 살펴보며 디자인, 가격, 성능 등을 고려하여 선택한다.

3. 구매 단계: 영업점과 온라인, 중고차 시장 등을 통해 전기

차를 구매한다.

  4. 사용 단계: 전기차를 운행한다.

  5. 평가 및 피드백 단계: 전기차의 실용성과 인프라, 충전 시간 등 각종 불편 요인을 평가한다.

  6. 재구매 또는 교체 단계: 피드백 내용에 따라 기존 전기차를 그대로 유지하거나 교체한다.

  고려 단계와 구매 단계를 제외한 모든 단계에서 전기차 인프라 부족은 심각한 문제로 이어진다. 전기차를 사용한 사람들의 인프라 경험이 부정적 평가와 피드백으로 이어지고, 제품 교체 또는 신규 고객의 필요성 인지에 심각한 악영향을 끼치는 것이다.

  이 문제를 파악한 르노는 타 자동차 브랜드와 디자인·가격·성능의 우위로 경쟁하는 대신 전기차 충전 인프라 자체를 혁신하는 캠페인을 전개한다.

  사실 전기차 충전 인프라를 구축하는 데는 국가가 개입해야 할 만큼 막대한 예산과 인력이 투입된다. 하지만 르노는 이 문제를 아주 간단한 방법으로 해결했다. 바로 가정용 충전기 소유자를 섭외하는 것이었다. 르노는 가정용 전기차 충전기를 대여할 수 있는 '플러그인PLUG-INN'이라는 앱을 개발해 가정용 전기차 충전기로 수익을 얻을 수 있는 시스템을 구축한다. 말하자면 전기차 충전의 '에어비앤비'인 것이다.

플러그인은 출시된 지 2주 만에 앱 사용자 수가 1만 6000명을 넘겼으며, 앱 내부의 미디어를 활용해 50만 유로 이상의 새로운 비즈니스 수익을 창출해 냈다. 아이디어 하나로 막대한 비용이 드는 충전 인프라를 구축했을 뿐만 아니라 수익성이라는 덤까지 얻은 것이다.

르노 프랑스의 플러그인 홍보 영상

SWITCHES

기술이 모두의 삶을 개선하지 못한다면 재설계해야 합니다.

IF TECHNOLOGY DOESN'T IMPROVE THE LIVES OF EVERYONE
IT SHOULD BE REDESIGNED.

"인터넷이 말썽이어도
인터넷 쇼핑은 가능합니다."

이번에는 소비자의 구매·사용 여정 중 사용 단계에서 소비자가 처한 문제를 찾고 이를 해결한 브랜드를 소개해 보고자한다.

페루는 대부분의 지역이 안데스 산맥에 위치한 국가로, 인구도 대부분 해발 2500미터에 위치한 지역에 살고 있다. 이러한 지역에 사는 사람들은 일상생활에 필요한 물건을 구하기 위해 매일 수 킬로미터를 걸어야 한다. 다양한 커머스 브랜드가 이들을 위해 이커머스를 도입하려 했지만, 높은 고도뿐만 아니라 산이라는 지역적 특성상 인터넷 통신이 원활하지 않아 이용에 큰어려움이 있었다. 특히 느린 인터넷 때문에 상품의 이미지를 보지 못하거나 결제를 하지 못하는 상황이 발생했다.

소비자의 구매·사용 여정 탐색 프로세스로 이 상황을 정리해 보면 다음과 같다.

1. 필요성 인지 단계: 이동의 불편을 최소화할 수 있는 이커머스의 필요성을 인지한다.

2. 고려 단계: 제품군, 가격 할인율 등을 두고 다양한 이커머스 브랜드를 비교한다.

3. 구매 단계: 선택한 이커머스 앱을 설치하고 접속한다.

4. 사용 단계: 해당 이커머스 앱을 활용하여 필요한 제품을 구매한다.

5. 평가 및 피드백 단계: 인터넷 환경이 원활하지 않아 결국 이커머스 사용에 대한 스트레스 및 부정적 인식이 누적된다(시간 소요, 짜증과 같은 감정 발생).

6. 재구매 또는 교체 단계: 스트레스를 견디며 이용하거나 주기적인 오프라인 구매로 대체한다.

* 새로운 공략 기회 발견

이커머스를 본격적으로 활용하기도 전에 인터넷 통신이 원활하지 않아 전반적인 서비스를 이용하기 어렵다.

페루의 슈퍼마켓 체인 '플라자베아Plazavea'는 인터넷 통신 상태가 좋지 않아도 원활하게 작동하는 이커머스 플랫폼을 구축한다. 바로 '인터넷이 없는 환경을 위한 재설계Redesigning for E-nclusion 캠페인'이다. 이 캠페인의 핵심은 2G 인터넷에서도 작동할 수 있도록 72% 다운스케일한 플랫폼을 구축한 것이다.

이 플랫폼은 인터넷 환경의 영향을 많이 받는 고품질 이미지를 의도적으로 도트화, 단순화하여 최대한 인터넷의 영향을 받지 않게끔 설계되었다. 따라서 소비자가 쇼핑을 하던 중 인터넷 수신 상태가 안 좋아지면 자동으로 72% 다운스케일된 이미지를 보며 쇼핑을 이어갈 수 있다.

무엇보다 인터넷 연결 상태가 좋지 않아 결제 오류가 발생해 고객이 이탈하지 않도록 인터넷 신호가 개선될 때까지 자동으로 주문 결제를 보류해 끝까지 결제할 수 있는 시스템을 구축했다.

플라자베아는 이 캠페인으로 첫 주에 300건 이상의 주문을 체결했으며, 웹사이트 트래픽이 무려 10% 이상 증가하는 효과를 얻었다고 한다. 또한 고객 유지율 20%, 구매 전환율 15%, 평균 객단가 12%가 각각 증가하며 실제 판매에서도 유의미한 수치를 확인할 수 있었다.

플라자베아 이커
머스 앱 소개 영상

MARKETING SHEET

다음은 솔루션을 구상하기에 앞서 소비자의 제품 및 서비스 구매·사용 여정을 탐색하며 새로운 문제를 찾는 과정이다. 이렇게 찾아낸 문제는 비즈니스 기회가 된다. 하나씩 답해보자.

구매 여정 탐색하기

소비자가 제품 및 서비스의 필요성을 인식하고, 고려 단계를 점검하고, 구매·도입하기까지 모든 과정을 나열해 보자.

필요성 인지 단계 탐색하기

1. 소비자가 제품 및 서비스의 필요성을 느끼는 사회적 배경은 무엇인가?

:

2. 소비자가 제품 및 서비스를 필요하다고 느끼는 이유는 무엇인가?

:

3. 소비자는 제품 및 서비스가 필요하지만 왜 구매하지 못하는가?

:

고려 단계 탐색하기

4. 제품 및 서비스를 구매하거나 사용하기로 결정할 때 여러 브랜드 중 최종적으로 고려하게 되는 요소는 무엇인가? 만약 필요성을 느낀 사람과 최종 결정권자가 다르다면 최종 결정권자는 누구인가?

:

5. 왜 소비자는 최종 고려 단계에서 자사의 제품 및 서비스를 구매하지 않기로 결정하는가?

:

구매 단계 탐색하기

6. 제품 및 서비스를 구매하는 경로를 나열해 보자.

:

7. 제품 및 서비스를 구매하는 단계에서 어떤 불편 및 문제가 발생하는가?

:

사용 여정 탐색하기

소비자가 제품 및 서비스 등을 사용한 뒤 재구매 혹은 교체하기까지의 과정을 나열하고 문제를 찾아보자.

사용 단계 탐색하기

8. 소비자가 제품 및 서비스를 사용하는 과정을 나열해 보자.

:

9. 소비자가 제품 및 서비스를 사용하는 단계에서 어떤 불편 및 문제가 발생하는가?

:

평가 및 피드백 단계 탐색하기

10. 소비자는 해당 제품 및 서비스에 대해 어떤 평가와 피드백을 했는가?

:

11. 소비자가 해당 제품 및 서비스를 사용한 뒤 어떤 경로를 통해 평가와 피드백을 하는가?

:

재구매 또는 교체 단계 탐색

12. 소비자가 제품 및 서비스에 대해 평가와 피드백을 한 뒤 재구매하는 이유는 무엇인가?

:

13. 재구매하는 경로를 나열해 보자.

:

14. 만약 소비자가 재구매하지 않고 다른 제품 및 서비스로 교체했다면 그 이유는 무엇인가?

:

15. 교체하는 경로를 나열해 보자.

:

문제의 중요도와 시급성 평가하기

특정 단계에서 문제를 다발적으로 발견했을 경우, 다음과 같은 지표
를 따라 가장 최우선적으로 해결이 필요한 문제를 결정하자.

*유효성: 특정 단계에서 발생한 문제가 비즈니스에 미치는 영향력

*공감 지수: 많은 소비자가 공통적으로 문제라고 느끼는 정도

16. 아래의 도표를 활용해 각 단계에서 발생한 문제들을 분류해 보자.

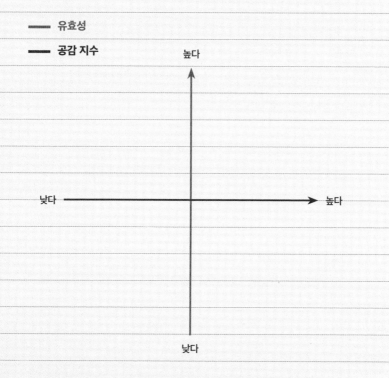

17. '소비자의 구매·사용 여정에서 문제 찾기' 단계를 통해 발견한 해

결이 필요한 문제는 무엇인가?

:

기존 솔루션을
재활성화하라

SOLUTION

✕

ADVERTISING

SOLVERTISING

> 소비자의 문제를 파악했다면 솔루션을 도출해야 한
> 다. 솔루션을 만드는 방법에는 '발견'과 '발명'이 있
> 다. 어떤 방법을 택할지는 소비자가 기존 솔루션에 느
> 끼는 불편의 종류에 달려 있다. 이번 장에서는 이를
> 분류하고 솔루션을 도출해 보자.

솔직히 고백하자면 솔버타이징을 지속하는 게 너무 힘들다. 광고 회사도 회사다 보니, 똑같은 노동으로 더 많은 수익을 창출해야 한다. 경영 안정성을 갖추기 위해서는 예측 가능한 비즈니스 형태여야 한다. 일반적인 광고 회사는 광고주에게 필요한 영상 중심의 아이디어를 기획한 뒤 프로덕션과 함께 제작하고 매체를 통해 송출한다는 명확한 분업 구조를 가지고 있다. 그러다 보니 프로젝트의 회전 속도도 빠르고 수익성도 높다. 운영 관리도 효율적이다.

그러나 우리는 매 프로젝트마다 어떤 것을 하게 될지 모르는 채로 일을 시작한다. 매체와 형태의 제약 없이 광고주에게

가장 필요한 아이디어를 내고, 도출되는 아이디어에 따라 무언가를 직접 만들며 캠페인을 전개하기 때문이다. 그러다 보니 어떨 땐 전 직원이 해발 300미터 산꼭대기에 목재를 짊어지고 올라가 부스를 짓는, 속칭 '노가다'를 한다. 라면 전용 식기 세척기를 만들기 위해 고수압 노즐을 연구하며 며칠을 씨름하기도 한다.

매번 우리도 모르는 분야를 공부하고 전문가를 수소문하며 제작해야 하는 일에서 오는 막막함도 크고, 한 프로젝트당 제작에 매달려야 하는 시간과 노동량 또한 압도적으로 많아진다. 비즈니스로서는 효율성이 극히 떨어지는 일이다. 아이디엇처럼 솔버타이징을 전문으로 하는 광고 회사가 왜 존재하지 않는지, 그 이유가 뼈저리게 느껴졌다.

하지만 나는 이 방식이 우리에게는 힘들어도 브랜드나 소비자에게는 광고 마케팅 본질에 가장 부합하는 활동이라 확신한다. 그래서 어떻게든 이런 광고 회사의 모델을 꼭 안착시키고 싶다는 사명감을 가지고 있다. 이 목표를 위해서 창업 후 10년, 필사적으로 솔버타이징을 산업화할 수 있는 방법을 고민한 끝에 그 핵심 노하우를 다음과 같이 정의했다.

"솔버타이징, '발명'보다는 '발견'을 해야 한다."

'발명'이 아닌
'발견'을 할 것

우리는 문제 해결을 위해 늘 세상에 없던 솔루션을 만든다. 그 솔루션은 형태에 따라 발명이 필요할 때도, 발견이 필요할 때도 있다.

무에서 유를 창조하는 발명을 할수록 비즈니스와는 멀어진다. 업무 난도는 높아지고, 개발과 제작에 훨씬 많은 노동력이 투입된다. 하지만 이미 세상에 있는 솔루션을 찾아 새롭게 활성화할 수 있는 방법을 발견한다면 어떨까? 이 방법은 캠페인의 난도를 대폭 낮추고, 생산성을 향상시킨다.

발명의 대표적인 예가 KB국민카드와 함께한 'KeeB 카드'이다. 배선 시공을 따로 하지 않고 가정집에서 카드 키로 전력을 통제하는 시스템을 만들어야 하다 보니, 제품을 개발하는 모든 과정이 걱정과 불안의 연속이었다. 클라이언트와 계약은 했는데 주어진 시간 안에 제대로 개발해 낼 수 있을지 확신이 없으니 회사로서는 엄청난 리스크를 떠안고 운영해야 하는 것이다.

이와 반대로 발견의 대표적인 예로는 '시크릿 콘돔'이 있다. 청소년들의 성병 발병률이 매년 높아지고 있다는 문제에서 출발한 캠페인으로, 세상에 이미 존재하는 '콘돔'이라는 좋은 솔루션을 활용했다. 콘돔을 사용하기만 하면 되는데, 왜 사용하지

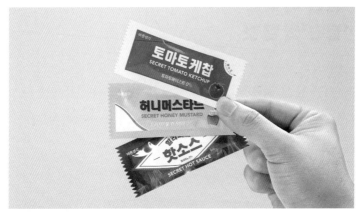

소포장 소스 디자인을 활용한 '시크릿 콘돔'

않을까? 기존 솔루션이 활성화되지 못하는 이유는 무엇일까? 이 질문에 대한 답을 찾다 보니 청소년들이 어른의 눈치를 보느라 콘돔을 구매하거나 소지하지 못해 사용률이 매우 저조하다는 사실을 알게 되었다. 그래서 콘돔처럼 보이지 않는 시크릿 콘돔을 만들어 문제를 해결한 것이다.

SOLVERTISING

이처럼 이미 세상에 있는 솔루션을 찾아 재활성화할 수 있는 방법을 발견한다면 아주 간단한 방법, 예를 들어 디자인만 바꿔도 충분히 새롭고 효과적인 캠페인을 기획할 수 있다.

결론적으로 솔버타이징을 안정적인 비즈니스 모델로 만들기 위해서는 발견과 발명에 대한 체계적인 접근이 필요하다고 생각했다.

소비자가 기존 솔루션에 느끼는 세 가지 불편

어떻게 해야 기성 솔루션을 재활성화할 수 있을까? 발명이 필요하다면 어떻게 해야 비용과 노동을 덜 들일 수 있을까? 그 답을 찾는 과정에서 알게 된 것이 있다. 이미 사회 제도, 행정적으로 존재하는 기존 솔루션이 활성화되지 못했다면 이는 소비자가 느끼는 세 가지 불편이 있다는 것이다. 바로 인지적 불편, 관계적 불편, 심리·경제적 불편이다.

인지적 불편은 기존 솔루션에 대한 인지가 명확하지 않은 경우다. 솔루션이 있다는 사실을 모르거나, 잊었거나, 잘못 알고 있거나 하는 상황이 이에 속한다. 관계적 불편은 기존 솔루션을 이용하는 데 타인의 눈치가 보이거나, 숨기게 되는 등 사람들과

소비자가 느끼는 세 가지 불편

문제 정의

기존 솔루션 여부 파악

기존 솔루션이 활성화되지 못한 이유   기존 솔루션이 없을 경우

1. 인지적 불편 (무지, 망각, 착오)	2. 관계적 불편 (압력, 눈치, 사회적 분위기)	3. 심리·경제적 불편 (귀찮음, 경제적 손실감)
적절한 타이밍에 올바른 정보를 제시하기	관계에 적극 개입하여 자연스레 거리를 벌리거나 훨씬 가깝게 좁히기	손실감을 감수할 정도의 베네핏을 제공하기, 무의식적으로 실천하도록 과정을 하이재킹하기, 간단하지만 큰 효용성을 가지도록 설계하기

의 관계 문제에서 발생하는 불편이다. 심리·경제적 불편은 기존 솔루션을 이용하는 데 일정 부분 손실감이 느껴지는 경우다. 귀찮거나 시간과 금전 등이 아까울 때 주로 일어난다.

이러한 세 가지 상황 중 인지적 불편, 관계적 불편을 초래하는 기존 솔루션은 작은 발견으로 재활성화할 가능성이 크고, 애초에 기존 솔루션이 없었거나 솔루션이 있지만 심리·경제적 불편을 느끼게 하는 솔루션이라면 새로운 솔루션을 발명해 대체해야 할 때가 많다.

솔버타이징 3단계는 우리가 해결해야 하는 문제의 기존 솔

루션이 있는지 살펴보고, 이 솔루션이 왜 활성화되지 못했는지 그 원인을 소비자가 느끼는 불편에서 찾아보는 과정이다. 소비자가 느끼는 불편을 파악하면 새로운 인사이트와 방향성을 얻을 수 있다. 이를 통해 기존 솔루션을 재활성화하거나 새로운 솔루션을 발명하는 것이다.

다음 쪽의 시트는 내가 시크릿 콘돔 캠페인을 진행하며 작성한 것이다. 어떤 질문을 통해 아이디어를 도출했는지 살펴보고, 세 가지 불편을 해결한 사례들을 확인한 뒤 직접 시트를 작성해 보기 바란다.

※ 예시를 위해 '시크릿 콘돔' 제작 당시 작성한 시트의 일부분을 발췌했다.

기존 솔루션 탐색하기

1. 앞서 발견한 문제를 해결할 수 있는 솔루션이 이미 세상에 나와 있는가?

콘돔

2. 만약 해결할 수 있는 기존 솔루션이 있다면 왜 솔루션이 활성화되지 않았는가? 다음 표에 체크해 보자.

1. 인지적 불편 (무지, 망각, 착오)	2. 관계적 불편 (압력, 눈치, 사회적 분위기)	3. 심리·경제적 불편 (귀찮음, 경제적 손실감)
	√	

관계적 불편일 경우

3. 솔루션과 소비자 사이에 적극 개입하여 자연스럽게 거리를 벌리거나 훨씬 가깝게 좁히는 방법을 생각해 보자.

콘돔을 구매하거나 소지하는 것이 눈치 보이는 일이라면 눈치 보이지 않는 콘돔을 만들자.

여기 홍대입구역은 대피소입니다.

인지적 불편 해결 사례 1.
위치만 안내해 줘도 해결되는 문제들

무지, 망각, 실수, 착오 등이 인지적 불편에 해당한다. 쉽게 말해 솔루션이 있는지 모르거나 잊는 등 인지가 명확하지 않은 경우다. 이 경우 우리가 할 수 있는 방법은 적절한 타이밍에 올바른 정보를 주는 것이다. 대표적인 사례가 앞서 소개한 미니 환경미화원 스티커 캠페인이다. 이 캠페인에서 해결하려는 문제는 길거리에 무분별하게 버려지는 쓰레기였는데, 기존에 상식적인 솔루션이 있었다. '쓰레기통에 잘 버리는 것' 말이다.

이 간단한 솔루션이 활성화되지 못한 이유를 살펴보니, 쓰레기통이 어디에 있는지 몰라서 결국 길거리에 몰래 버린다는 답변이 많았다. 그렇다면 이들이 쓰레기를 버리려는 순간 쓰레기통의 위치와 방향을 알려주기만 하면, 즉 기존의 솔루션을 '인지'만 시켜주면 되는 것이었다. 바로 다음과 같은 방식이다.

[문제] 길거리에 쓰레기를 무분별하게 버림

[기존 솔루션] 쓰레기통

[기존 솔루션이 활성화되지 않은 이유] 쓰레기통의 위치를 알 수 없어 길거리에 버리게 됨

[솔버타이징] 쓰레기통의 위치를 환경미화원 스티커로 안내

이와 비슷하게 인지적 불편 문제를 해결한 사례가 있어 소개한다. 우리가 진행한 '대피소 이정표' 사례다.

〈서울특별시 경계 경보 오발령 사건〉

※ 다음은 실제 벌어진 사건을 시간대별로 나열한 것이다.

2023년 5월 31일 아침 6시 29분, 북한이 미사일을 발사했다.

6시 29분, 행정안전부가 대청도, 백령도 등 위험 지역에 경계 경보를 발령하고 "국민 여러분께서는 대피할 준비를 하시고 어린이와 노약자가 먼저 대피할 수 있도록 해주시기 바랍니다"라는 내용의 재난 문자를 발송했다.

6시 30분, 일본 오키나와현에 긴급 피난 경보가 발신되었다. 총무부 소방청은 다음과 같은 메시지를 발송했다. "미사일 발사, 미사일 발사. 북한에서 미사일이 발사된 것으로 보입니다. 건물 안 또는 지하로 대피하십시오."

6시 32분, 서울시가 서울에 경계 경보를 발령했다. 일부 지역에서는 하늘이 찢어질 만큼 큰 경보음과 긴급 방송이 울렸다.

6시 32분, 서울시가 시민들에게 대피를 준비하라는 위급 재난 문자를 발송했다. "오늘 6시 32분 서울 지역에 경계 경보 발령. 국민 여러분께서는 대피할 준비를 하시고, 어린이와 노약자가 우선 대피할 수 있도록 해주시기 바랍니다."

당시 정확한 상황 파악 및 대피 정보를 얻으려는 시민들로 인해 행정안전부 홈페이지와 네이버는 트래픽이 폭주해 접속 장애가 발생했다. 수도권 소방당국에도 문의 전화가 4000여 건이 빗발치는 등 국민이 불안과 패닉에 빠지게 되었다.

이 사건은 20분 만에 오발령 메시지가 발송되며 해프닝으로 종료되었지만, 국가적으로 큰 이슈를 남겼다. 위급 상황에서 어디로 대피해야 할지 모르고 우왕좌왕하는 사람들로 더 큰 혼란이 이어졌기 때문이다. 최근 대형 화재, 폭우, 북한발 오물 풍선 등 사건사고가 끊이지 않고 있다. 국가 재난 상황에 대한 불안감이 날로 커지는 상황이다. 그래서 우리는 긴급 위기 순간에 사람들의 혼란을 줄이고 안전하게 대피할 방법이 무엇일지 고민하며 자체 캠페인을 펼치기로 했다.

국가적 재난이라는 위기 상황에 우리는 어떻게 대처할까? 정부는 이러한 상황을 대비하여 각 지역마다 대피소라는 솔루션을 이미 마련해 두었다. 하지만 대부분의 사람들은 대피소의 존재와 위치를 명확히 인지하지 못한다. 대피소의 위치를 안내하는 표지판들이 작고 눈에 띄지 않는 데다가, 일상적으로 너무 익숙한 디자인이라 눈에 보여도 인식하기 쉽지 않다.

이처럼 인지적 불편으로 대피소라는 솔루션을 이용하지 못한다면 해결 방법은 간단하다. 눈에 확 띄게 알려주는 것. 우리는 대피소에서 그 답을 찾았다.

대피소는 목적성에 따라 넓은 지하 공간이 있는 역이나 큰 건물이어야 한다. 그리고 이런 건물들에는 한 가지 공통점이 있는데, 외벽에 눈에 잘 띄는 옥외 광고판이 설치되어 있다는 것이다. 그래서 우리는 긴급 상황 시 이 거대한 옥외 광고판을 대피소로 안내하는 이정표로 활용하기로 했다.

대피소 이정표는 재난 문자 발송, 민방위 훈련 등 대피가 필요한 순간 옥외 광고판에 긴급하게 송출되어 도심 곳곳에 존재하는 대피소의 위치를 안내하는 역할을 하도록 했다. 다음 방식으로 말이다.

[문제] 재난 상황
[기존 솔루션] 대피소
[기존 솔루션이 활성화되지 않은 이유] 대피소의 존재와 위치를 알지 못함
[솔버타이징] 대피소 건물 외벽의 옥외 광고판을 이정표로 활용하여 위치를 안내

이 캠페인을 진행한 후 인근 주민을 대상으로 설문을 했는데, 실제 대피소에 대한 인지율이 무려 90% 이상 증가했음을 알 수 있었다. 이처럼 대피소 이정표 캠페인은 적절한 순간에 간단한 정보를 제공해 인지적 문제를 쉽게 해결한 사례다. 이를

기존 대피소 안내 표지판(위)과 옥외 광고판을 활용한 표지판(아래)

실행하는 데 사용된 총 비용은 0원이었다. 옥외 매체사들의 협조 덕분에 기존 매체를 활용해 전혀 비용이 들지 않았다.

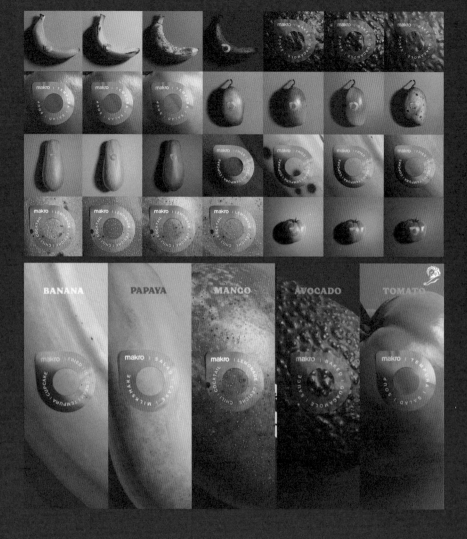

과일과 채소의 생명을 연장해 음식물 쓰레기를 줄입니다.
Reducing food waste by making fruits and vegetables live longer.

인지적 불편 해결 사례 2.
스티커 하나로 농산물 생명 연장하기

앞서 소개한 미니 환경미화원 스티커와 비슷한 사례가 외국에도 있다. 스티커 한 장으로 인지적 불편 문제를 해결한 캠페인 하나를 소개한다.

누구나 한 번쯤 까맣게 숙성된 바나나를 보며 먹어도 될까 고민하다가 버렸던 경험을 해보았을 것이다. 최근에는 올바른 정보가 전달되어 적정 시점까지는 먹어도 된다는 사실을 많이들 알고 있지만, 아직 갈변된 바나나를 썩었다고 오해하며 버리는 사람도 적지 않다.

콜롬비아에서도 푹 익은 농산물을 썩었다고 오해하거나, 미관상 먹고 싶지 않다는 이유로 매년 약 240만 톤의 과일과 채소가 낭비되었다. 이러한 인식을 바꾸기 위해 콜롬비아의 슈퍼마켓 체인 마크로^{MAKRO}가 나섰다. 마크로는 '생명 연장 스티커 Life Extending Stickers'를 만들었다. 일반 브랜드 스티커처럼 보이지만 각 식재료들이 익어가는 과정을 색상 그러데이션으로 보여준다. 익은 정도에 알맞은 요리를 제안하는데, 많이 숙성된 과일이나 채소에 추천하는 요리도 있어, 경우에 따라 더 익은 재료를 선택하도록 유도한다.

[문제] 아깝게 버려지는 과일과 채소

[기존 솔루션] 소비 촉진

[기존 솔루션이 활성화되지 않은 이유] 숙성된 상태의 과일과 채소를 썩었다고 오해하여 소비하지 않음

[솔버타이징] 익은 정도에 따른 섭취 방법 제공

이 캠페인은 콜롬비아 전역의 마크로 매장에서 시행되었는데, 매주 정보 부족 문제로 버려졌던 70톤의 음식물 쓰레기를 줄이는 효과가 있었다고 한다. 이를 통해 과일과 채소의 평균 수명을 6일 더 연장시키는, 말 그대로 '생명 연장 스티커'인 것이다.

마크로의 생명 연장 스티커 광고 영상

사람들이 인지적 불편을 겪는 바로 그 순간, 적절한 정보를 제공할 수만 있다면 단순한 스티커 한 장으로도 강력한 변화를 일으킬 수 있다. 이 문제에 이보다 더 저렴하면서도 큰 성과를 내는 솔루션이 존재할까? 아마 쉽지 않을 것이다.

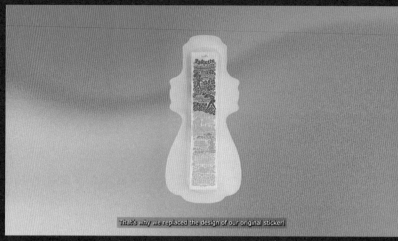
That's why we replaced the design of our original sticker!

and recognize the illustrations that

당신의 생리혈 변화를 깨닫기를!
UNDERstand your OWN PERIOD Blood Shades!

인지적 불편 해결 사례 3.
자궁 건강을 직접 확인하게 하다

인지적 불편을 해결한 사례가 또 하나 있다. 인도네시아 여성들의 자궁경부암에 대한 인식을 획기적으로 바꾼 마케팅이다.

인도네시아의 여성들은 자궁경부암에 대해 잘 알지 못해 증상이 나타나도 알아차리지 못하는 경우가 많았다. 무엇보다 이슬람 문화권인 터라 이 주제를 주변에 공유하고 이야기하기가 어려웠다. 이에 여성용품 전문 브랜드인 소프텍스Softex에서는 자궁경부암에 대한 인식을 제고하고, 자신의 상태를 간단히 진단할 수 있는 방법을 개발했다.

그렇게 해서 탄생한 것이 바로 패들렛padlette이라는 생리대다. 여성들이 다 쓴 생리대를 말아서 버린다는 사실에서 아이디어를 얻어, 팬티에 붙이는 부착면에 생리혈의 색깔을 대조해 볼 수 있는 컬러팔레트를 인쇄한 것이다. 그래서 여성들이 다 쓴 생리대를 돌돌 말면서 생리혈의 색을 점검하고 자궁경부암을 자가 진단할 수 있도록 했다.

[문제] 자궁경부암
[기존 솔루션] 주기적인 진단
[기존 솔루션이 활성화되지 않은 이유] 문화적 특성으로 자

궁경부암에 대한 언급 및 정보 공유의 어려움

  [솔버타이징] 생리대에 컬러팔레트를 인쇄하여 은밀하고 간단하게 자가 진단을 하게 함

소프텍스는 이 아이디어를 집에서도 간편하게 따라 해볼 수 있도록 웹페이지에서 컬러팔레트를 다운받을 수 있게 했다. 단발성 이벤트에 그치지 않고 컬러팔레트를 보급한 결과, 200명 이상의 의사들이 참여하고, 150여 개 사무실과 170여

영국의 광고 디자인 공모전 'D&AD' 숏리스트에 오른 패들렛

개 학교에 컬러팔레트가 설치되어 63만 7000명 이상의 여성들이 캠페인에 동참하게 되었다.

  미처 인지하지 못해 불편을 겪고 있는 소비자에게 적절한 타이밍에 정보를 제공함으로써 파급력 있는 효과를 창출한 솔버타이징의 한 사례다.

too pale   just right!   too dark

일찍 발견하는 간단한 방법
a simple way to spot early

인지적 불편 해결 사례 4.
밥 먹이기와 영양 상태 확인을 동시에

인도네시아 부모들이 선호하는 이유식은 '미음'이다. 이 때문에 아이들 중 3분의 1이 철분 결핍 문제를 겪는다. 하지만 철분 결핍은 뚜렷한 증상이 없기 때문에 대부분의 부모가 아이의 철분 결핍을 인지하지 못한다. 철분이 많은 음식을 섭취하면 간단하게 해결할 수 있지만, 애초에 결핍이라는 사실조차 인지하지 못한다는 것이 큰 문제였다.

네슬레의 이유식 브랜드 세레락Cerelac은 이러한 인지적 불편 문제를 해결할 수 있는 솔버타이징을 개발했다. 건강한 아이의 혀 색깔을 닮은 아기용 혀 스푼tongue spoon을 만든 것이다.

세레락은 부모가 아이에게 이유식을 떠먹여 주는 순간에 주목했다. 철분 결핍의 징후는 혀의 색깔로 확인할 수 있는데, 이유식을 먹이는 순간에는 아이의 혀를 볼 수밖에 없지 않은가? 그래서 건강한 아이의 혀 색깔과 똑같은 색깔의 스푼을 만들어 부모가 철분 결핍의 첫 징후를 식별할 수 있게 한 것이다.

이 스푼을 통해 부모는 아이의 혀 색깔이 숟가락과 비슷하면 정상, 어둡거나 창백하다면 철분 결핍과 같은 건강 문제가 있음을 인지할 수 있다.

[문제] 아이들의 철분 결핍

[기존 솔루션] 철분이 많은 음식 섭취

[기존 솔루션이 활성화되지 않은 이유] 철분 결핍을 인지하기 어려움

[솔버타이징] 건강한 혀 색깔의 스푼을 만들어 자연스럽게 비교하고 진단하게 함

혀 스푼은 인도네시아 전역의 온·오프라인 소매점에서 세레락의 이유식을 구매하면 무료로 받을 수 있다. 또한 세레락은 500개의 국립 보건소를 통해 인도네시아 농촌 지역의 1만 5000명 이

세레락의 혀 스푼
광고 영상

상의 부모에게 혀 스푼을 배포하며 철분 결핍 증상을 알리고 철분이 많은 이유식을 택하도록 교육하고 있다.

결과는 어땠을까? 무려 76%의 부모가 계속해서 혀 스푼을 사용하고 건강 및 철분 검진을 일상적으로 하고 싶다고 답했으며, 교육을 받은 부모의 87%는 이유식 식단에 철분을 첨가하는 것이 중요하다는 사실을 이해하게 되었다. 소비자의 인지적 불편을 해결하고, 철분 함량이 높은 자사 제품을 구매하도록 간접적으로 유도했으니 그 자체로 훌륭한 솔버타이징 사례다.

사장님, 근로계약서는 잊지 않으셨죠~?